XVI

RAPPORT

DE L'AGENT GÉNÉRAL DES PAYEMENTS DE RÉPARATIONS

10 JUIN 1927

LIBRAIRIE FÉLIX ALCAN
108, BOULEVARD SAINT-GERMAIN, 108

Prix: 12 francs.

RAPPORT

DE L'AGENT GÉNÉRAL DES PAYEMENTS DE RÉPARATIONS

10 JUIN 1927

BERLIN

TABLE DES MATIÈRES.

1*

ANNEXES.

RAPPORT

DE L'AGENT GÉNÉRAL DES PAYEMENTS
DE RÉPARATIONS.

10 JUIN 1927.

Berlin, le 10 juin 1927.

A la Commission des Réparations.

MESSIEURS,

J'ai l'honneur de vous présenter ci-joint, en tant qu'Agent Général des Paye-ments de Réparations, un Rapport intermédiaire concernant l'exécution du Plan des Experts pendant la période de la troisième année d'application du Plan qui s'est déjà écoulée.

L'objet du présent Rapport est de donner les derniers chiffres connus pour les payements de réparations et les transferts et en même temps de passer en revue, dans une esquisse préliminaire, l'évolution suivie par l'économie allemande dans ses rapports avec le fonctionnement du Plan des Experts. La troisième année d'application du Plan a commencé le 1ᵉʳ septembre 1926 et l'on dispose maintenant des chiffres relatifs aux payements de réparations et aux transferts pendant les neuf premiers mois de l'année qui vont jusqu'au 31 mai 1927. En examinant le développement du Plan à d'autres égards et la marche générale de l'économie allemande, le présent Rapport couvrira, en substance, la période d'environ six mois qui s'est écoulée depuis la présentation du dernier Rapport.

Le Plan lui-même a suivi un cours normal très caractéristique. Toutefois, à d'autres points de vue, au cours des six derniers mois, on a pu observer des faits d'un intérêt inaccoutumé, spécialement en ce qui concerne l'évolution du budget allemand et les conditions du crédit. Aussi les pages qui suivent contiennent-elles un exposé plus ample que d'habitude de la situation budgétaire et des conditions du crédit..

I. ADMINISTRATION DU PLAN.

L'exécution du Plan se poursuit normalement. L'Allemagne a effectué tous les payements auxquels elle est tenue pendant les neuf premiers mois de la troisième année d'application ; les livraisons et les payements au profit des Puissances créancières ont continué régulièrement sans compromettre la stabilité du cours des changes.

A. PAYEMENTS DE RÉPARATIONS EFFECTUÉS PAR L'ALLEMAGNE.

L'Allemagne a payé, pendant la période allant du 1ᵉʳ septembre 1926 au 31 mai 1927, un total de 983.895.425,61 marks-or ; sur cette somme, 930.800.000 marks-or étaient des payements effectués au titre de la troisième annuité, tandis que le solde représentait des payements complémentaires de la seconde annuité qui venaient à échéance en septembre 1926.

1. *Composition des Payements.* — Les annuités payables par l'Allemagne pendant les années successives du Plan sont indiquées sous forme de graphique dans le tableau joint au présent Rapport (Annexe I). La composition des annuités n'a subi aucun changement depuis le précédent Rapport.

La troisième annuité s'élève à un total de 1.500 millions de marks-or, par suite de l'arrangement intervenu l'année dernière en vue du règlement des contributions budgétaires supplémentaires. Cet arrangement, décrit tout au long dans le précédent Rapport, a substitué un seul payement fixé à 300 millions de marks-or, à effectuer pendant la troisième année d'application du Plan, aux deux contributions budgétaires éventuelles dont le montant ne devait pas dépasser 250 millions de marks-or chacune et qui auraient dû être versées pendant la quatrième et la cinquième années d'application du Plan, suivant le rendement des revenus gagés. La composition de la troisième annuité ainsi modifiée peut se résumer comme suit :

	MARKS-OR
Contribution normale prélevée sur le budget de l'Allemagne	110.000.000
Contribution supplémentaire prélevée sur le budget de l'Allemagne	300.000.000
Impôt sur les transports	290.000.000
Intérêts des obligations des chemins de fer allemands	550.000.000
Intérêts des obligations industrielles allemandes	250.000.000
TOTAL....	1.500.000.000

Les payements qui constituent la troisième annuité ne sont pas répartis uniformément sur l'ensemble de l'année, et, bien que la période de neuf mois envisagée par le présent Rapport représente les trois quarts de l'année d'application du Plan, au point de vue du temps, elle n'englobe qu'un peu plus des trois cinquièmes de l'année, du point de vue des payements de réparations. Cette répartition inégale est due principalement aux arrangements relatifs aux payements au titre de la contribution budgétaire supplémentaire et à l'intérêt des obligations industrielles. On se souvient que la contribution supplémentaire prélevée sur le budget allemand est payable en sept mensualités de 18 millions de marks-or chacune, d'octobre à avril inclusivement, et en cinq mensualités de 34,8 millions de marks-or chacune, de mai à août inclusivement, les deux derniers versements étant effectués en août. En outre, l'intérêt annuel des obligations industrielles est payable le 1ᵉʳ avril et le

25 août par versements égaux de 125 millions de marks-or. Deux payements au titre de la troisième annuité ne viendront à échéance que pendant le premier mois de la quatrième année d'application du Plan, à savoir le dernier versement de l'intérêt annuel des obligations des chemins de fer, soit 55 millions de marks-or, qui vient à échéance le 1er septembre 1927, et le solde de 20 millions de marks-or au titre de l'impôt sur les transports dont l'échéance tombe le 15 septembre 1927 et dont le montant est prélevé sur le rendement de cet impôt pendant la troisième année d'application du Plan.

Au cours des neuf premiers mois de la troisième année d'application du Plan, il a été encaissé, outre les recettes au titre de la troisième annuité elle-même, des versements d'un montant de 53.095.425,61 marks-or, en règlement définitif de la seconde annuité. Ces payements ont déjà été signalés dans le précédent Rapport, mais il faut naturellement en tenir compte dans l'évaluation des recettes de réparations qui sont devenues effectivement disponibles pour les dépenses pendant la période envisagée par le présent Rapport.

2. *Payements au titre de la troisième Annuité.* — Les arrangements relatifs au payement de la troisième annuité ont été décrits en détail dans le précédent Rapport. Les payements afférents aux neuf premiers mois de l'année ont été effectués à la date exacte de l'échéance, en pleine conformité avec les arrangements convenus. On peut résumer de la manière suivante la provenance de ces payements et les montants reçus pour chaque catégorie pendant la période en question :

	MARKS-OR.
Contribution normale prélevée sur le budget de l'Allemagne	82.500.000
Contribution supplémentaire prélevée sur le budget de l'Allemagne	160.800.000
Impôt sur les transports	202.500.000
Intérêts des obligations des chemins de fer allemands	360.000.000
Intérêts des obligations industrielles allemandes	125.000.000
Total....	930.800.000

Les payements afférents à l'impôt sur les transports sont effectués pendant la troisième année d'application du Plan, conformément à l'arrangement décrit dans le dernier Rapport, sur une base mensuelle de 22,5 millions de marks-or, à partir de septembre 1926 et pendant tout le cours de l'année, ce qui implique un total de versements qui atteindra 270 millions de marks-or à la fin d'août 1927. Le versement total prévu par le Plan pour l'année en cours devrait s'élever à 290 millions de marks-or et le supplément de 20 millions de marks-or nécessaire pour parfaire ce total doit être versé le 15 septembre 1927, selon le rendement effectif de l'impôt sur les transports pendant l'année. Le tableau suivant donne les chiffres relatifs à l'impôt sur les transports pendant les huit premiers mois de l'année, d'après les indications du Ministre des Finances du Reich, et il les compare aux mensualités reçues de l'Allemagne pendant la même période, en vertu des arrangements intervenus en vue du payement de cet impôt :

	RENDEMENT PUBLIÉ (en reichsmarks)	PAYEMENTS REÇUS (en marks-or)
1926 Septembre	24.111.379,10	22.500.000
Octobre	24.121.530,92	22.500.000
Novembre	22.145.242,23	22.500.000
Décembre	21.776.073,37	22.500.000
1927 Janvier	21.968.915,27	22.500.000
Février	19.806.506,19	22.500.000
Mars	23.529.754,10	22.500.000
Avril	24.810.701,83	22.500.000
TOTAL....	182.270.103,01	180.000.000

Ces chiffres montrent que le rendement effectif de l'impôt se maintient à un niveau légèrement supérieur aux mensualités convenues, mais qu'il faudra encore une nouvelle amélioration pour que la contribution afférente à l'année entière soit couverte par les recettes.

3. *Arrangements relatifs à la quatrième Annuité*. — La quatrième annuité, payable aux termes du Plan des Experts, atteint 1.750 millions de marks-or, somme composée comme suit :

	MARKS-OR
Contribution du budget allemand	500.000.000
Impôt sur les transports	290.000.000
Intérêt et amortissement des obligations des chemins de fer allemands	660.000.000
Intérêt et amortissement des obligations industrielles allemandes	300.000.000
TOTAL....	1.750.000.000

On remarquera, d'après le sommaire ci-dessus, que le 1% supplémentaire pour l'amortissement des obligations des Chemins de fer et des obligations industrielles sera compris, pour la première fois, dans la quatrième année et que les contributions des obligations des Chemins de fer, des obligations industrielles et de l'impôt sur les transports, atteignent toutes pendant la quatrième année le niveau prévu pour l'année normale. Dans son ensemble, l'annuité s'accroît de nouveau de 750 millions de marks-or pendant la cinquième année ou année normale d'application du Plan, mais cette augmentation est entièrement à la charge du budget allemand dont la contribution passe de 500 millions de marks-or pendant la quatrième année d'application du Plan à 1.250 millions de marks-or pendant la cinquième année.

En vue de préparer la quatrième année d'application du Plan, l'Agent Général des Payements de Réparations a récemment conclu un nouvel arrangement avec la Compagnie des Chemins de fer allemands pour que les versements mensuels au titre du service des obligations de réparations de la Compagnie soient continués, sous réserve d'un escompte de 5% l'an sur tous les versements effectués avant la date légale de leur échéance. Cet arrangement vient d'être approuvé par la Commission des Réparations, agissant au nom des Puissances créancières, et il a également reçu l'assentiment du Gouvernement du Reich. C'est un nouveau témoignage de la coopération amicale de la Compagnie des Chemins de fer allemands et du Gouvernement allemand, et cet arrangement facilitera largement le cours régulier des payements et des transferts effectués en vertu du Plan des Experts.

Les Rapports précédents ont déjà fait connaître l'arrangement conclu en 1925 avec la Compagnie des Chemins de fer allemands pour les payements mensuels de l'intérêt pendant la deuxième et la troisième années d'application du Plan et pour les payements anticipés pendant le mois d'août 1925. Cet arrangement est encore en cours d'exécution, mais il prend fin, conformément aux conditions, à l'expiration de la troisième année d'application du Plan. En conséquence et à défaut d'un nouvel arrangement, les payements au titre du service des obligations de réparations de la Compagnie des Chemins de fer auraient dû automatiquement revenir à leur date légale d'échéance, c'est-à-dire le 1er mars et le 1er septembre de chaque année, à partir de la quatrième année d'application du Plan. L'arrangement qui vient d'être conclu pour la continuation des payements mensuels suit en substance les lignes de l'accord antérieur; il en diffère néanmoins sur deux points importants. En premier lieu, le taux annuel de l'escompte qui sera consenti, en vertu du nouvel arrangement, sur les payements effectués avant leur date légale d'échéance, est ramené de 6 à 5%. Il en résultera, pour l'annuité, une économie appréciable. En second lieu, il convient d'observer que le premier arrangement avec la Compagnie des Chemins de fer ne portait que sur une période limitée, alors que le nouvel accord pour les payements mensuels se prolongera par tacite reconduction d'une année à l'autre après la quatrième année d'application du Plan, à moins que l'Agent Général des Payements de Réparations, d'une part, ou la Compagnie des Chemins de fer allemands, d'autre part, n'exprime, avant le 31 mai de l'année, le désir de changer le taux de l'escompte ou de modifier la méthode des payements pour l'année suivante. Grâce à cette disposition, il ne sera pas nécessaire de négocier chaque année un nouvel arrangement, mais l'intérêt des parties est en même temps sauvegardé dans le cas où l'une des deux voudrait, pour une raison quelconque, modifier l'arrangement ou le dénoncer pour l'année suivante.

B. RÉPARTITION DE L'ANNUITÉ.

La répartition des payements de réparations reçus de l'Allemagne s'est poursuivie d'une façon régulière pendant les neuf premiers mois de la troisième annuité.

La répartition effectuée en fait pendant la période envisagée est résumée ci-après et elle figure, avec des détails complémentaires, dans le chapitre consacré aux travaux du Comité des Transferts.

1. *Base de répartition.* — Des explications complètes ont été données dans les Rapports antérieurs en ce qui concerne la base de répartition. Le service de l'Emprunt extérieur allemand 1924 constitue toujours une première charge sur les annuités. Diverses charges reconnues par l'Accord des Ministres des Finances du 14 janvier 1925 prennent rang immédiatement après le service de l'Emprunt; ce sont principalement les dépenses d'administration des diverses Commissions interalliées, dont le payement doit être prélevé sur les annuités avant de calculer les

parts revenant aux Puissances créancières. Les parts des Puissances elles-mêmes ne comprennent pas seulement les parts respectives de réparations réparties suivant les pourcentages dits de Spa, mais également les diverses sommes qui leur sont allouées au titre des créances de restitution, frais des armées, à la fois courants et arriérés, les allocations pour la dette de guerre belge et la part spéciale attribuée aux Etats-Unis d'Amérique en vertu des décisions de la Commission mixte des réclamations. Depuis le dernier Rapport, un nouvel accord a été conclu, en date du 13 janvier 1927 ; il complète sur plusieurs points les dispositions de l'Accord des Ministres des Finances. Cet accord, rétroactif à dater du 1er avril 1926, a réduit les allocations maxima pour les dépenses de la Haute-Commission des Territoires rhénans et de la Commission militaire de Contrôle, a modifié la méthode pour la computation des frais des armées d'occupation et a ramené de 160 à 141 millions de marks-or l'annuité maxima pour les frais en question.

Des tableaux montrant la répartition revisée de la deuxième et de la troisième annuités, après qu'il a été tenu compte de ces modifications, sont joints au présent Rapport (Annexes II et III). La répartition de la deuxième annuité peut être considérée maintenant comme définitive à toutes fins pratiques, le seul autre ajustement prévu, portant sur une somme relativement peu importante dans les frais des Commissions interalliées. La répartition de la troisième annuité est, bien entendu, provisoire et susceptible d'être revisée. Il convient d'observer à ce sujet qu'une partie des fonds disponibles pour les dépenses pendant la troisième année d'application du Plan représente un solde non dépensé de la seconde annuité. Cette partie rentre donc dans la répartition de la deuxième annuité, plutôt que dans celle de la troisième.

2. *Recettes et payements de l'Agent Général.*— Les comptes provisoires de l'Agent Général des Payements de Réparations, pour les neuf premiers mois de la troisième année d'application du Plan, sous forme d'un bilan au 31 mai 1927 et d'un état des recettes et des payements pour la période allant du 1er septembre 1926 au 31 mai 1927, sont joints au présent Rapport (Annexes IV et V). On trouvera également deux autres états indiquant la répartition des payements d'une façon plus détaillée ; l'un, l'Annexe VI, donne la répartition entre les Puissances des montants disponibles de dépenses pendant la période de neuf mois envisagée et l'autre, l'Annexe VII, analyse les payements et les engagements par catégories de dépenses. Les comptes sont tous tenus en marks-or sur la base prescrite par l'Accord de Londres.

Ainsi qu'il ressort plus amplement des Annexes, le montant total des fonds à la disposition de l'Agent Général, pendant la période de neuf mois envisagée, s'est élevé à 1.079.437.682,81 marks-or ; cette somme est constituée comme suit : 1° le solde en espèces reporté de la seconde annuité, au 1er septembre 1926, soit 93.626.074,81 marks-or ; 2° les recettes provenant de l'Allemagne en septembre 1926, à titre de complément de la seconde annuité, soit 53.095.425,61 marks-or ; 3° les recettes provenant de l'Allemagne au titre de la troisième annuité, soit 930.800.000 marks-or ; 4° l'intérêt produit par les soldes en espèces, soit 1.916.182,39 marks-or. Il faut déduire de ce total la somme de 5.128.076,64 marks-or, représentant l'escompte consenti sur les versements anticipés des intérêts par la Compagnie des Chemins de fer allemands et 778.368,20 marks-or pour pertes au change. Le solde effectif, disponible pour la répartition entre les Puissances créancières et pour faire face aux autres charges prévues par le Plan, s'élevait donc à 1.073.531.237,97 marks-or. Sur cette somme, 66.466.086,34 marks-or ont été absorbés par le service de l'Emprunt extérieur allemand 1924 ; 8.001.250,60 marks-or ont servi à régler les dépenses des Commissions Interalliées et 66.729,14 marks-or ont couvert les frais des organismes d'arbitrage établis en vertu du Plan. Une fois ces charges de priorité satisfaites, il restait un total de 998.997.171,98 marks-or aux fins de répartition entre les Puissances. Sur cette somme, 847.449.499,30 marks-or ont été dépensés effectivement pendant la période en question, ce qui laisse un solde en espèces de 151.547.672,59 marks-or au 31 mai 1927. En face de ce solde, il faut placer les engagements non encore réglés au 31 mai 1927, soit au total plus de 93.000.000 de marks-or ; ce total se compose de 37.836.497,82 marks-or représentant des sommes à payer et de 55.255.725,70 marks-or de fonds affectés en vertu de contrats approuvés pour livraisons en nature.

3. *Utilisation des fonds par les Puissances créancières.* — Les diverses Puissances créancières ont utilisé de la façon suivante les fonds mis à leur disposition pour leurs dépenses pendant les neuf premiers mois de la troisième année d'application du Plan.

1° *France.* La part de la France s'élevait environ à 516.687.000 marks-or, dont 46.212.000 marks-or représentaient un report de la seconde annuité. La France a pris environ 41.455.000 marks-or pour les frais de son armée d'occupation dans les Territoires rhénans et, par le fonctionnement de son Réparation Recovery Act, environ 55.688.000 marks-or, sous forme de versement à la Banque de France de l'équivalent en francs. La France a également reçu des transferts en espèces d'un montant de 56.993.000 marks-or ; sur cette somme, 56.707.000 marks-or ont été transférés en monnaies étrangères, tandis que 286.000 marks-or représentaient des payements pour le règlement de soldes dus pour services rendus par le Gouvernement allemand avant le 1er septembre 1924. Sur le reste de la part de la France, 161.323.000 marks-or environ ont servi à l'achat de charbon, de coke et de lignite et au payement de leurs frais de transport ; 34.124.000 marks-or pour engrais chimiques ; 18.623.000 marks-or pour le bois ; 7.417.000 marks-or pour les produits agricoles ; 4.373.000 marks-or pour le sucre ; 2.173.000 marks-or pour les matières colorantes et les produits pharmaceutiques et environ 57.013.000 marks-or pour des payements divers et des livraisons extrêmement variées. Les postes précédents atteignent, au total, 439.182.000 marks-or, ce qui laisse un solde disponible de 77.500.000 marks-or. Sur cette somme, un montant de 43.168.000 marks-or environ avait été affecté en date du 31 mai 1927 afin de faire face à des payements prévus par des contrats approuvés pour livraisons en nature, et qui n'avaient pas encore été requis, par suite de retards dans les livraisons.

2° *Empire Britannique.* La part de l'Empire britannique s'élevait à 204.242.000 marks-or, dont 1.073.000 marks-or reportés de la seconde annuité. La Grande-Bretagne a reçu, pendant la période de neuf mois, 15.673.000 marks-or pour les frais de son armée d'occupation dans les Territoires rhénans; 23.618.000 marks-or, sous forme de transferts en espèces en monnaies étrangères et 51.000 marks-or pour payements divers. La Grande-Bretagne a également pris la somme de 164.795.000 marks-or par le fonctionnement du Reparation Recovery Act, sous forme de versement à la Banque d'Angleterre de l'équivalent en livres sterling. Le solde de la part de la Grande-Bretagne non dépensé au 31 mai 1927 n'atteignait que 105.000 marks-or.

3° *Italie*. La part de l'Italie s'élevait à 74.398.000 marks-or environ, dont 10.251.000 marks-or reportés de la seconde annuité. Pendant les neuf mois en question, le Gouvernement italien a pris 45.627.000 marks-or pour le charbon et le coke et leurs frais de transport ; 2.456.000 marks-or pour les sous-produits de la houille ; 2.528.000 marks-or pour les matières colorantes et les produits pharmaceutiques et 8.845.000 marks-or pour payements divers et livraisons diverses. En outre, l'Italie a reçu des transferts en espèces, en monnaies étrangères, d'un montant de 8.005.000 marks-or. Il restait au 31 mai 1927 un solde non dépensé de 6.937.000 marks-or ; sur cette somme, 1.121.000 marks-or avaient été affectés en vertu de contrats approuvés pour livraisons en nature.

4° *Belgique*. La part de la Belgique se montait à environ 72.161.000 marks-or, dont 9.496.000 marks-or représentaient un solde non dépensé provenant de la seconde annuité. Les dépenses de l'armée belge d'occupation dans les Territoires rhénans ont absorbé 3.278.000 marks-or et la Belgique a reçu des transferts en espèces, en monnaies étrangères, d'un montant de 6.218.000 marks-or. En outre, 4.369.000 marks-or ont servi à l'achat de charbon, de coke et de lignite et à payer leurs frais de transport; 7.710.000 marks-or pour les engrais chimiques; 2.157.000 marks-or pour le bois; 4.354.000 marks-or pour les matières colorantes et les produits pharmaceutiques et 22.815.000 marks-or pour divers payements et diverses livraisons d'une très grande variété. Tout compte fait, la Belgique a reçu une somme totale de 50.901.000 marks-or pendant les neuf mois en question. Le solde de la part de la Belgique, non dépensé au 31 mai 1927, s'élevait à 21.260.000 marks-or; sur cette somme, 5.285.000 marks-or avaient été affectés en vertu de contrats approuvés pour livraisons en nature.

5° *État Serbe-Croate-Slovène*. La part de la Serbie s'élevait à 37.737.000 marks-or environ, dont 5.642.000 marks-or reportés de la seconde annuité. Le Gouvernement serbe a reçu 30.229.000 marks-or sous forme de livraisons et payements divers et 1.897.000 marks-or pour les premiers versements au titre de la construction du pont sur le Danube, entre Belgrade et Pancevo. Le solde de la part de la Serbie, non dépensé au 31 mai 1927, soit 5.611.000 marks-or, avait été presque entièrement affecté en vertu de contrats approuvés pour livraisons en nature.

6° *États-Unis d'Amérique*. La part des Etats-Unis s'élevait à 68.888.000 marks-or, dont 19.090.000 marks-or représentaient un solde non dépensé provenant de la seconde annuité. Le Gouvernement des Etats-Unis a reçu, pendant les neuf mois en question, 33.539.000 marks-or, sous forme de transferts en espèces, au titre de sa priorité pour l'arriéré des frais de l'armée d'occupation, en vertu de l'article 3 A (1) de l'Accord des Ministres des Finances des Puissances alliées du 14 janvier 1925. Il a également reçu des transferts en espèces, en monnaies étrangères, d'un montant de 3.579.000 marks-or, au titre de sa part régulière de 2¹/₄ pour cent dans les annuités. Presque tout le reste de la part des Etats-Unis, soit environ 31.770.000 marks-or, a été absorbé, sous la forme de son équivalent en dollars, en vertu d'un arrangement spécial conclu avec le Gouvernement allemand, en vue des payements mensuels réguliers, suivant des principes analogues en substance à ceux du financement des livraisons en nature.

7° *Roumanie*. La part de la Roumanie s'élevait à 8.284.000 marks-or environ, dont 285.000 marks-or reportés de la seconde annuité. La Roumanie a reçu des transferts en espèces, en monnaies étrangères, d'un montant de 950.000 marks-or et 7.141.000 marks-or, sous forme de livraisons et payements divers. Le solde de la part de la Roumanie, non dépensé au 31 mai 1927, se montait à 193.000 marks-or.

8° *Japon*. La part du Japon s'est élevée à 9.826.000 marks-or environ, dont 4.436.000 marks-or reportés de la seconde annuité. Le Japon a utilisé 2.745.000 marks-or pour des engrais chimiques et 2.803.000 marks-or pour diverses livraisons en nature; il a également reçu des transferts en espèces, en monnaies étrangères, d'un montant de 640.000 marks-or. Le solde non dépensé, inscrit au crédit du Japon au 31 mai 1927, se montait à 3.638.000 marks-or.

9° *Portugal*. La part du Portugal s'est élevée à 5.426.000 marks-or, dont 61.000 marks-or reportés de la seconde annuité. Sur cette somme, le Portugal a reçu 326.000 marks-or, sous forme d'un transfert en espèces, en monnaies étrangères, et a utilisé 4.936.000 marks-or pour diverses livraisons en nature, ce qui laisse un solde courant de 164.000 marks-or.

10° *Grèce*. La part de la Grèce s'est élevée à 2.922.000 marks-or environ, dont 97.000 marks-or représentaient un solde provenant de la seconde annuité. Cette somme a été presque entièrement employée à l'achat de diverses livraisons en nature.

11° *Pologne*. La part de la Pologne, provenant entièrement des créances de restitution s'est élevée à 229.000 marks-or environ, dont 93.000 marks-or reportés de la seconde annuité. La Pologne a reçu, pendant les neuf mois en question, 39.000 marks-or, sous forme de transferts en espèces, dont 16.000 marks-or étaient en monnaies étrangères et dont 23.000 marks-or représentaient des versements effectués pour régler des soldes dus pour livraisons faites ou services rendus par le Gouvernement allemand avant le 1er septembre 1924. Presque tout le reste de la part de la Pologne a été employé à l'achat de chevaux et au payement des frais accessoires provenant de cet achat.

C. GESTION DE L'ANNUITÉ.

L'administration courante de l'annuité a suivi les directives déjà indiquées et tous les efforts ont tendu, comme par le passé, à assurer le recours aux méthodes les plus pratiques dans le maniement des fonds provenant des payements de réparations et dans leur répartition entre les Puissances créancières.

1. *Etablissement des programmes*. — L'Agent Général a continué d'établir des programmes mensuels réguliers de livraisons et de payements et de présenter à la Commission des Réparations et au Comité des Transferts les projets de programmes trimestriels assez longtemps à l'avance pour assurer un examen des diverses catégories de dépenses prévues par le Plan. De cette façon, les Puissances

créancières ont également connaissance des crédits dont elles disposent pour les mois suivants en temps voulu pour qu'il leur soit possible de prendre leurs mesures.

On a fait ressortir l'importance du principe général des programmes mensuels dès le début de l'application du Plan. Il est nécessaire de se souvenir ici que les programmes mensuels dépendent eux-mêmes des recettes mensuelles, que les payements de l'Allemagne ne sont pas répartis d'une manière uniforme sur toute l'année et qu'il est donc impossible pour une année d'établir des chiffres qui correspondent à une égale répartition de l'annuité sur les douze mois. Au cours de la troisième annuité, par exemple, les payements effectués par l'Allemagne sont relativement beaucoup plus importants pendant les cinq derniers mois de l'année que pendant les sept premiers ; les programmes mensuels ont donc dû être adaptés de façon à correspondre aux recettes effectives. La troisième annuité atteint au total 1.500 millions de marks-or, et si on pouvait la diviser exactement, elle subviendrait à des programmes mensuels de 125 millions de marks-or pendant toute l'année. Toutefois, sur la base des recettes dont on dispose, le programme de septembre 1926, premier mois de l'exercice, a atteint, en fait, 85 millions de marks-or seulement, dont 53 millions de marks-or environ représentaient des recettes de la seconde annuité, alors que pendant les cinq mois suivants, c'est-à-dire jusqu'en février 1927, la moyenne des programmes n'a été que de 94 millions de marks-or environ par mois. En mars 1927, septième mois de l'exercice, le programme mensuel s'est, pour la première fois de l'année, rapproché de 100 millions de marks-or. Les programmes deviennent beaucoup plus importants pendant les cinq derniers mois de l'année, mais accusent des variations encore plus sensibles, en raison surtout des payements d'avril et d'août pour le service de l'intérêt des obligations industrielles. En avril, par exemple, le programme mensuel s'est élevé à 214 millions de marks-or environ, et l'on disposera en août de crédits encore plus élevés, dont le total atteindra 271 millions de marks-or environ, en conséquence du service de l'intérêt des obligations industrielles et des deux payements de la contribution budgétaire supplémentaire afférents à ce mois. Pour les mois intermédiaires (mai, juin et juillet 1927), les recettes de l'annuité sont plus normales et les programmes mensuels resteront dans le voisinage de 110 millions de marks-or par mois.

Ces différences dans les programmes mensuels ont eu naturellement pour effet des variations à peu près correspondantes dans les livraisons et les payements aux Puissances créancières pendant la période qui fait l'objet du présent Rapport. Elles ont, en même temps, tendance à favoriser l'augmentation des livraisons et des payements pendant les cinq derniers mois de l'année, ce qui, à son tour, devrait contribuer à faciliter l'exécution des programmes plus étendus de la quatrième année d'application du Plan.

2. *Liquidation de comptes anciens.* — De nouveaux progrès ont été réalisés depuis le dernier rapport en ce qui concerne la liquidation de comptes anciens. Conformément aux dispositions de l'article 19 de l'Accord des Ministres des Finances du 14 janvier 1925, la Commission des Réparations a dressé un compte arrêté au 1er septembre 1924 ; dans ce compte figure le montant reçu par chaque Puissance en-deçà ou au-delà de sa part, par suite de la répartition des payements

et des livraisons de l'Allemagne avant la mise en vigueur du Plan des Experts. En vertu de l'article 20 de l'Accord des Ministres des Finances, les Puissances ayant reçu des sommes en excédent sont tenues d'effectuer, à partir du 1er septembre 1926, des reversements aux Puissances ayant des arriérés à récupérer, et l'élaboration des comptes d'excédents et d'arriérés a obligé la Commission des Réparations, afin d'établir la comptabilité entre les Puissances, à procéder à l'évaluation de presque tous les payements et livraisons de l'Allemagne antérieurs au 1er septembre 1924. Ce travail présentait de nombreuses difficultés. La Commission n'en a pas moins réussi à élaborer et à fixer le montant des sommes à reverser par les Puissances ayant touché des recettes en excédent et la répartition provisoire de ces sommes entre les Puissances ayant des arriérés à récupérer, et elle a terminé ce travail à temps pour que ces résultats puissent porter sur les premiers programmes afférents à la troisième année d'application du Plan. Seules, l'Italie et la Serbie se sont trouvées avoir touché des recettes dépassant leur part. Le reversement de ces excédents s'effectue actuellement au moyen d'une déduction de 10% opérée sur la part respective de ces Puissances dans la troisième annuité ; cette déduction continuera à être opérée jusqu'au remboursement complet de la dette, y compris un intérêt de 5% l'an, conformément aux prescriptions de l'Accord des Ministres des Finances.

En outre, des arrangements meilleurs ont été pris depuis le dernier Rapport en vue de l'évaluation des fournitures et des contributions allemandes aux armées d'occupation aux termes des articles 8 à 12 de l'Arrangement rhénan. Le Règlement financier du 5 mai 1925, qui fixait la procédure à adopter pour l'établissement de ces évaluations, a présenté de nombreuses difficultés dans la pratique et, en novembre 1926, un Comité d'organisation mixte a été nommé sous la présidence de M. Patijn en vue de suggérer les modifications au règlement qui seraient de nature à activer la procédure et de prendre en même temps les mesures convenables pour mettre à la disposition du Gouvernement allemand les fonds nécessaires afin de couvrir les dépenses encourues par lui en vertu des articles précités de l'Arrangement rhénan. Le Comité a déposé son rapport le 19 janvier 1927, en recommandant l'adoption de deux additifs au règlement primitif qui ont pour objet de simplifier la procédure dans une très large mesure. Ces additifs ont été promptement adoptés par tous les Gouvernements intéressés et on espère que l'évaluation de ces fournitures et contributions s'effectuera maintenant rapidement et sur une base mensuelle régulière.

Malheureusement, il ne semble pas que des progrès quelconques aient été réalisés en ce qui concerne l'évaluation des réquisitions et des dommages visés par l'article 6 de l'Arrangement rhénan. Cette question est toujours pendante depuis la mise en vigueur du Plan et elle a fait à plusieurs reprises l'objet de négociations entre les Gouvernements alliés intéressés et le Gouvernement allemand. Le montant impliqué est relativement peu élevé, mais il n'en faut pas moins souhaiter que l'on puisse prochainement trouver une base de règlement. C'est dans ce sens que l'Agent Général des Payements de Réparations a soumis à la Commission des Réparations, le 23 février 1927, l'idée qu'il conviendrait, à défaut de progrès quelconques par voie de négociations, de faire appel aux bons offices d'un médiateur ou de prévoir, d'une manière plus officielle, le règlement par voie d'arbitrage des points litigieux.

3. *Organisation administrative*. — Un tableau sommaire de l'état actuel des organismes établis pour l'administration du Plan des Experts dont le personnel compte maintenant 129 membres, est joint au présent Rapport (voir Annexe VIII). On remarquera que ce tableau comprend le personnel de l'Agent Général des Payements de Réparations, du Comité des Transferts et des divers Commissaires et Trustees, ainsi que les services administratifs généraux de l'Office des Payements de Réparations.

D. PROCÉDURE D'ARBITRAGE.

Le précédent Rapport rappelait qu'une seule question était alors en instance devant le Tribunal d'arbitrage établi en vertu de l'Accord de Londres pour connaître de, et juger « toutes contestations qui pourraient naître entre la Commission des Réparations et l'Allemagne au sujet de l'interprétation, soit de l'arrangement conclu entre eux, soit du Plan des Experts, soit de la législation allemande édictée en exécution dudit Plan ». Le 29 janvier 1927, le Tribunal d'arbitrage a tranché la question en litige en faveur de la Commission des Réparations et a rédigé sa sentence dans les termes suivants :

> « Les annuités prévues par le Plan des Experts comme devant être payées à l'Agent Général des Payements de Réparations ne comprennent pas : les indemnités payées depuis le 1er septembre 1924 ou pouvant être payées à l'avenir par le Reich à des ressortissants allemands en raison de la rétention, de la liquidation ou du transfert de leurs biens, droits ou intérêts — à quelque date que ces mesures aient été prises — en exécution du Traité de Versailles et notamment des articles suivants dudit Traité — à savoir articles 297 (i), 74, 145, 156 (alinéa 2) combiné avec l'alinéa 2 du Protocole signé à Versailles le 28 juin 1919, et 260. »

En prononçant la sentence reproduite ci-dessus, le Tribunal a fait la déclaration suivante : « Le Tribunal estime nécessaire de rappeler qu'il n'a à se préoccuper que d'un seul problème : à savoir s'il y a lieu de comprendre dans les annuités les *indemnités* payées ou à payer après le 1er septembre 1924 à des ressortissants allemands pour la rétention, la liquidation ou le transfert de leurs propriété, droits ou intérêts. Cette question est nettement distincte d'une autre question qui ne lui est pas soumise par le compromis, à savoir si les *crédits* donnés ou à donner à l'Allemagne après le 1er septembre 1924, pour la valeur de la propriété, des droits ou intérêts retenus, liquidés ou transférés des ressortissants allemands, doivent être déduits du montant des annuités. » Nous croyons savoir que le Gouvernement allemand a actuellement soulevé cette dernière question devant la Commission des Réparations et qu'il a l'intention de la soumettre, au besoin, au Tribunal d'arbitrage à fins de décision.

E. EMPRUNT EXTÉRIEUR ALLEMAND 1924.

L'Emprunt extérieur allemand 1924 a été émis le 15 octobre 1924 et la troisième année de l'Emprunt a commencé le 15 octobre 1926. Un tableau dans la forme habituelle, indiquant la situation de l'Emprunt au 15 avril 1927, à l'expiration de la première moitié de l'année de l'Emprunt, est joint au présent Rapport (voir Annexe IX). L'Agent Général des Payements de Réparations, agissant au nom des Trustees de l'Emprunt, a continué de prélever sur l'annuité les fonds nécessaires au service de l'Emprunt, conformément au Plan. 45 millions de marks-or environ furent avancés à cette fin pendant le premier semestre de la troisième année de l'Emprunt, pour la presque totalité en monnaies étrangères.

Par suite de la bonne tenue des obligations sur les marchés mondiaux, il est devenu de plus en plus difficile pour les Trustees de se procurer sur le marché des obligations aux fins d'amortissement à des prix égaux ou inférieurs à ceux qui ont été fixés pour l'amortissement par voie de tirage. Les Trustees ont continué, néanmoins, de procéder à de tels rachats, chaque fois que cela a été possible, et ils ont réussi, pendant le premier semestre de la présente année de l'Emprunt, à acheter des obligations à concurrence environ de tous les fonds disponibles en ce qui concerne la tranche italienne et, dans une bien moins large mesure, en ce qui concerne la tranche américaine. L'annuité bénéficie de l'économie en capital ainsi réalisée.

On avait envisagé, lors de l'émission de l'Emprunt, que des dispositions seraient prises après la deuxième année pour que toutes les tranches en livres sterling fussent cotées à la Bourse de Londres. Les obligations de toutes les tranches en livres sterling sont maintenant admises officiellement à la cote, à la Bourse de Londres ainsi qu'à celle d'Amsterdam.

II. COMITÉ DES TRANSFERTS.

Le Comité des Transferts est chargé, en vertu du Plan des Experts, du transfert des payements de réparations faits par l'Allemagne aux Puissances créancières. Le Plan prévoit que le Comité réglera l'exécution des programmes de livraisons en nature et les payements au titre des Reparation Recovery Acts de façon à prévenir toute difficulté sur le marché des changes, qu'il effectuera les transferts d'espèces aux Gouvernements créanciers au moyen d'achat de devises étrangères et que « d'une façon générale, il s'efforcera d'obtenir le maximum de transferts sans compromettre la stabilité de la monnaie ».

Le Plan met des obligations correspondantes à la charge du Gouvernement allemand et de la Reichsbank en vue de faciliter l'œuvre du Comité des Transferts. Il prévoit, au paragraphe VII de l'Annexe 6, sous le titre « Coopération du Gouvernement allemand et de la Banque », que : « le Gouvernement allemand et la Banque devront s'engager à faciliter, de toutes les façons raisonnables en leur pouvoir, le travail du Comité au point de vue des transferts de fonds, et prendre notamment les mesures nécessaires pour aider au maintien de la stabilité des changes. Le Comité, quand il jugera que le taux de l'escompte de la Banque n'est pas en rapport avec la nécessité d'importants transferts, devra en informer le Président de la Banque. »

Depuis le dernier Rapport, il s'est produit deux changements dans la composition du Comité des Transferts, à dater de janvier 1927. M. Joseph E. Sterrett, désireux de reprendre l'exercice de sa profession à New-York, a donné sa démission, après avoir été, depuis la mise en vigueur du Plan, membre américain du Comité des Transferts et adjoint principal de l'Agent Général des Payements de Réparations. M. Pierre Jay, qui était Président du Conseil de Direction de la Federal Reserve Bank de New-York, a été nommé à sa place. M. René Tilmont, Directeur de la Banque Nationale de Belgique, a donné en même temps sa démission de membre belge du Comité. M. Albert Janssen, Directeur de la Société Nationale de Crédit à l'Industrie, de Bruxelles, qui avait exercé précédemment ces fonctions depuis la constitution du Comité jusqu'en juin 1925, date à laquelle il avait donné sa démission, a été nommé membre belge pour remplacer M. Tilmont.

A. RÉSUMÉ DES OPÉRATIONS DE TRANSFERT.

En justifiant les clauses du Plan relatives aux transferts, les Experts ont déclaré : « L'expérience seule indiquera quelles conversions en monnaies étrangères pourront être faites en pratique. En attendant, notre système prévoit une juste charge pour le contribuable allemand, des dépôts correspondants en marks-or au compte des Alliés, et assure ensuite la conversion en monnaies étrangères de ces dépôts en marks dans la proportion maxima rendue possible par la situation du change ».

Le tableau suivant, établi en marks-or, indique les fonds qui ont été disponibles pour les transferts, pendant la période allant du 1er septembre 1926 au 31 mai 1927, ainsi que les transferts réellement effectués pendant cette période sous l'autorité du Comité des Transferts.

Fonds disponibles pour les transferts.

	MARKS-OR
a. Solde en espèces non dépensé au 31 août 1926	93.626.074,81
b. Solde de la seconde annuité payable et perçu en septembre 1926	53.095.425,61
c. Part de la troisième annuité perçue pendant la période 1er septembre 1926 — 31 mai 1927	930.800.000,00
d. Intérêts des soldes en espèces	1.916.182,39
Total....	1.079.437.682,81

A déduire :

a. Escompte sur les versements effectués avant la date d'échéance pour le service des obligations des chemins de fer ...	5.128.076,64	
b. Perte au change	778.368,20	5.906.444,84
	Solde disponible pour transfert ...	1.073.531.237,97

MARKS-OR

Transferts effectués.

1. Transferts en monnaies étrangères :
   a. Service de l'Emprunt extérieur allemand 1924 .... 66.466.086,34
   b. Reparation Recovery Act britannique 164.696.936,51
   c. Reparation Recovery Act francais ... 49.678.406,22
   d. Livraisons aux Etats-Unis d'Amérique en vertu d'un accord 31.748.432,93
   e. Transport de charbon sur le Rhin aval 33.225,96
   f. Liquidation de soldes dus pour livraisons effectuées ou services rendus par le Gouvernement allemand antérieurement au 1ᵉʳ septembre 1924 .... 459.582,16
   g. Transferts en espèces 133.598.472,91
   h. Frais des Commissions interalliées ... 2.556.114,57
   i. Frais des organismes d'arbitrage 66.729,14   449.303.986,74

2. Transferts effectués au moyen de payements en marks-or pour :
   a. Livraisons en nature 411.735.502,80
   b. Armées d'occupation 54.532.687,69
   c. Frais des Commissions interalliées ... 5.445.136,03
   d. Payements divers 966.252,12   472.679.578,64

   TOTAL des montants transférés ...   921.983.565,38

Ce qui laisse au 31 mai 1927 un solde en espèces non dépensé de 151.547.672,59

   TOTAL....   1.073.531.237,97

Ce relevé indique que le montant global des transferts effectués pendant les neuf premiers mois de la troisième année d'application du Plan s'est élevé à 921.983.565,38 marks-or. On remarquera qu'au cours de cette période les sommes transférées sous forme de devises étrangères ont atteint le chiffre de 449.303.986,74 marks-or, soit environ 48,73 % du total des transferts, alors que les sommes transférées au moyen de versements en marks-or se sont élevées à 472.679.578,64 marks-or, soit environ 51,27 % de l'ensemble.

Les payements en marks-or effectués à l'intérieur de l'Allemagne se rapportent principalement aux livraisons en nature et aux dépenses pour les armées d'occupation. Les montants transférés en monnaies étrangères comprennent les payements afférents au service de l'Emprunt extérieur allemand et les payements prévus par les Reparation Recovery Acts ainsi que les transferts directs en espèces en monnaies étrangères. Les transferts en espèces eux-mêmes comprennent les payements au titre de la priorité des Etats-Unis pour l'arriéré des frais de leur armée d'occupation ainsi que les transferts en espèces, à concurrence de l'équivalent de 100 millions de marks-or environ, destinés à être répartis d'une façon générale entre les Puissances. La priorité des Etats-Unis au titre de l'arriéré des frais de leur armée d'occupation s'élève, pour la troisième année d'application du Plan, à un total de 55 millions de marks-or et cette somme est payée par mensualités sensiblement proportionnelles à la part de l'annuité disponible chaque mois.

Il ressort du tableau précédent que le solde en espèces non dépensé le 31 mai 1927 se monte à 151.547.672,59 marks-or. Ce solde dépasse de près de 58 millions de marks-or le montant qu'il atteignait au début de la troisième année d'application du Plan. Mais relativement à l'augmentation de l'annuité, il fournit seulement un fonds de roulement normal. Son chiffre actuel traduit, dans une certaine mesure, les payements de réparations sensiblement plus élevés effectués par l'Allemagne en avril et en mai 1927. Il faut naturellement du temps pour qu'à l'augmentation des crédits corresponde une augmentation des livraisons et des payements. Il importe, à ce point de vue, d'observer que, le 31 mai 1927, il y avait, vis-à-vis de ce solde, des engagements non encore réglés s'élevant à plus de 93 millions de marks-or. Ainsi qu'on le voit dans le bilan joint au présent Rapport (Annexe IV), ces engagements comprennent 38 millions de marks-or environ, représentant des sommes à payer et 55 millions de marks-or environ, représentant des fonds affectés en vertu de contrats approuvés pour livraisons en nature.

B. MOUVEMENT DES LIVRAISONS EN NATURE.

La procédure générale des livraisons en nature a été décrite dans les Rapports antérieurs. Un certain nombre de faits nouveaux qui se sont produits durant la période envisagée ici sont toutefois dignes d'attention.

L'Annexe V du Traité de Versailles prévoit que les livraisons de charbon effectuées par l'Allemagne à la France le seront, soit au prix sur le carreau de la mine payé par les ressortissants allemands plus le fret, soit au prix sur le carreau de la mine du charbon anglais pour l'exportation plus le fret : c'est le prix le moins élevé qui doit être appliqué. Au contraire, l'Annexe II à l'Accord de Londres et le Règlement relatif aux prestations en nature, dit Règlement Wallenberg, prescrivent que les livraisons prévues par le Plan seront effectuées, dans la mesure du possible, en vertu de contrats commerciaux et aux conditions commerciales ordinaires. Le 20 octobre 1926, une convention, approuvée dans la suite par les Gouvernements français et allemand, a été conclue entre l'Office français des Houillères Sinistrées et le Syndicat du charbon westphalo-rhénan afin d'assurer, pour les livraisons de charbon à la France, l'adoption de principes plus conformes aux usages commerciaux. La convention prévoit la vente de charbon par le Syndicat du charbon aux acheteurs français en vertu de contrats commerciaux ordinaires : elle stipule que le prix d'achat sera versé dans tous les cas à l'Office français des Houillères Sinistrées et que ce versement se fera par l'entremise de l'Agent Général des Payements de Réparations sur une base établie d'un commun accord entre l'Office français et le Syndicat du charbon, dans la mesure où l'Agent Général y est autorisé en vertu de programmes régulièrement établis par la Commission des Réparations après consultation du Comité des Transferts. En même temps, la convention indique les principes suivant lesquels doivent être réglées nombre de questions importantes restées longtemps en suspens entre les gouvernements intéressés relativement aux livraisons de charbon. Ladite convention est entrée en vigueur le 1er janvier 1927, après avoir été soumise à l'examen réglementaire du Comité des Transferts et de la Commission des Réparations. Elle est applicable pendant six mois. Mais si elle est confirmée par les deux parties, le 1er juillet 1927 ou avant cette date, elle continuera de rester en vigueur, sous réserve d'un droit de dénonciation pour chacune des deux parties, dans certaines circonstances, avec trois mois de préavis.

Depuis le dernier Rapport, un arrangement a été conclu également entre les Etats-Unis et l'Allemagne afin de réaliser la part spéciale de 2¼ pour cent allouée aux Etats-Unis par l'Accord des Ministres des Finances du 14 janvier 1925 « en vue de donner satisfaction aux créances reconnues par les décisions de la Commission mixte des réclamations, qui a été instituée en exécution de l'Accord conclu entre les Etats-Unis et l'Allemagne le 10 août 1922 ». Cet arrangement prévoit que les maisons allemandes remettront volontairement, chaque mois, à la Reichsbank, sur les dollars provenant pour elles de livraisons en nature ou de services rendus aux Etats-Unis, un montant en dollars équivalent au crédit en reichsmarks détenu par l'Agent Général pour le compte des Etats-Unis et disponible pour des payements au cours du mois en question, conformément aux programmes régulièrement établis. La somme nécessaire est alors déposée par la Reichsbank au crédit de l'Agent Général à la Federal Reserve Bank de New-York. L'Agent Général, dès qu'il est avisé télégraphiquement de ce dépôt, paye aux maisons allemandes, par l'entremise de la Reichsbank, l'équivalent en reichsmarks des dollars qui lui ont été remis, et il transfère les dollars au Gouvernement des Etats-Unis, sous réserve de l'approbation du Comité des Transferts. L'arrangement est conforme, d'une façon générale, aux arrangements déjà en vigueur pour les payements prévus par les Reparation Recovery Acts et pour le financement des livraisons en nature et il s'applique depuis février 1927, après qu'il a été soumis à l'examen usuel du Comité des Transferts et de la Commission des Réparations.

Le règlement dit Règlement Wallenberg relatif aux prestations en nature était, conformément à ses propres dispositions, susceptible de faire l'objet d'une révision à partir du 1er avril 1927. Il était prévu que la révision pourrait être effectuée à la demande faite le 1er janvier 1927 ou avant cette date par l'une des Puissances créancières, la Commission des Réparations, le Comité des Transferts ou le Gouvernement allemand. Aucune des parties intéressées n'ayant d'importantes modifications à suggérer, il a été convenu que le règlement resterait en vigueur pendant une autre année, étant entendu qu'une révision pourrait avoir lieu à partir du 1er avril 1928, si la demande en est faite le 1er janvier 1928 ou avant cette date par une des parties mentionnées ci-dessus.

A l'exception des matières colorantes et des livraisons de charbon faites en vertu de l'Annexe V du Traité, toutes les livraisons en nature au titre des réparations sont effectuées sur contrats conclus conformément au règlement dit Règlement Wallenberg. La plupart de ces contrats sont pour le compte de la France et de la Belgique et le tableau suivant indique l'étendue et la valeur des contrats pour ces deux pays, soumis au Comité des Transferts du 1er septembre 1926 au 31 mai 1927.

ANALYSE DES CONTRATS PAR CATÉGORIES DE MARCHANDISES	FRANCE			BELGIQUE		
	NUMÉRO des contrats	QUANTITÉS	VALEUR en reichsmarks	NUMÉRO des contrats	QUANTITÉS	VALEUR en reichsmarks
Charbon, coke et lignite........	105	6.706.194 [1]	146.637.568	—	—	—
Sous-produits du charbon	14	40.860 [1]	5.900.450	12	1.495 [1]	248.045
Briques et autres produits réfrac- taires	40	—	1.078.575	43	—	244.740
Engrais et autres produits chi- miques...................	15	28.926 [1]	6.773.942	197	120.335 [1]	22.902.285
Fer, acier et autres métaux ...	182	40.077 [1]	9.293.446	303	—	6.897.813
Dragage du port du Havre (ex- tension du contrat primitif)..	1	—	622.050	—	—	—
Machines..................	305	—	33.898.192	253	—	4.946.090
Bois......................	337	673.723 [2]	38.331.664	—	—	—
Poteaux télégraphiques........	61	477.938 [3]	7.646.830	—	—	—
Traverses de chemins de fer ..	7	59.100 [3]	931.875	—	—	—
Pâte de bois et autres articles de la catégorie du papier ...	131	91.557 [1]	26.203.822	208	16.442 [1]	4.390.183
Chevaux .... Bêtes à corne .... Moutons.	322	1.086 [3] 8.377 78.190	10.611.410	—	—	—
Sucre et autres produits agricoles	15	—	17.308.722	—	—	—
Textiles....................	—	—	—	5	—	15.617
Verrerie	11	—	156.315	3	—	6.081
Autres marchandises	16	—	1.198.640	40	—	683.464
Totaux.....	2.062	—	306.593.501	1.064	—	40.334.318

[1] En tonnes.
[2] En mètres cubes.
[3] En unités.

On remarquera, d'après le tableau ci-dessus, que 3.126 contrats, d'une valeur de près de 347 millions de reichsmarks ont été soumis par la France et la Belgique pendant les neuf premiers mois de la troisième année d'application du Plan. Ces chiffres comprennent six contrats relatifs au charbon, nécessitant des payements dont le total atteint 70.579.000 reichsmarks. Ces payements ont été effectués conformément à l'arrangement ci-dessus mentionné, intervenu le 20 octobre 1926 entre l'Office français des Houillères Sinistrées et le Syndicat westphalo-rhénan du charbon. Il y a, en outre, pour la France, 99 autres contrats relatifs au charbon représentant 76.059.000 reichsmarks au total, de sorte que les livraisons de charbon, de coke et de lignite constituent la catégorie des contrats français de beaucoup la plus considérable, eu égard à la valeur. Les autres catégories impor- tantes de contrats pour la France sont les contrats relatifs au bois, d'une valeur totale de 38.332.000 reichsmarks; ceux qui portent sur les machines, d'un total de 33.898.000 reichsmarks; sur la pâte de bois et les articles de la catégorie du papier d'un total de 26.204.000 reichsmarks et sur le sucre et autres produits agricoles d'un montant de 17.309.000 reichsmarks. Quant à la Belgique, les catégories de contrats représentant la plus grande valeur sont celles qui portent sur les engrais et autres produits chimiques. Les autres contrats importants sont ceux qui ont trait au fer et à l'acier, aux machines et à la pâte de bois. Depuis le début de la troisième année d'application du Plan, la Belgique n'a pas pris de charbon au compte des réparations.

Les autres Puissances ont également conclu des contrats en vue de livraisons en nature pour des montants importants. La plus grande fraction de la part de l'Italie a servi aux achats de charbon, surtout pour les chemins de fer de l'Etat italien. En outre, l'Italie a conclu des contrats en vue de la livraison de machines pour l'industrie textile d'un prix de 5.612.000 reichsmarks, de machines thermo-électriques, d'une valeur de 3 millions de reichsmarks, et de sous-produits du charbon, d'un montant de 4.834.000 reichsmarks. La Serbie a conclu des contrats pour la livraison de matériel de chemins de fer, d'une valeur de 2.102.000 reichsmarks, de machines agricoles et autres, d'un prix de 5.823.000 reichsmarks et de matériaux pour la construction d'un pont sur le Danube entre Belgrade et Pancevo, d'un prix total de 21.100.000 reichsmarks, dont 16.814.000 reichsmarks payables au titre des réparations par versements répartis sur une période de quatre années. La Roumanie a acheté à la Compagnie des chemins de fer allemands 100 locomotives au prix total de 11.600.000 reichsmarks dont le payement à valoir sur le compte réparations sera réparti sur une période de 29 mois. Le Japon a conclu pour 2.754.000 reichsmarks de contrats relatifs à du sulfate d'ammoniaque, des contrats relatifs à des machines d'une valeur de 1.850.000 reichsmarks et à une installation de télégraphie sans fil de 1.522.000 reichsmarks. Le Portugal a acheté pour 7.429.000 reichsmarks de matériel de chemins de fer, pour un total de 869.000 reichsmarks de machines agricoles et autres et pour 1.004.000 reichsmarks de remorqueurs et de chalands; il a également conclu des contrats pour la construction d'un paquebot de 5.655.000 reichsmarks approximativement. La Grèce a conclu des contrats pour 591.000 reichsmarks de machines d'imprimerie, tandis que la Pologne a acheté pour 170.000 reichsmarks de chevaux.

C. OBLIGATIONS DES CHEMINS DE FER ALLEMANDS ET OBLIGATIONS INDUSTRIELLES ALLEMANDES.

Le Rapport précédent a étudié les dispositions du Plan des Experts et des autres documents régissant la vente des obligations des chemins de fer allemands et des obligations industrielles et, à cet égard, il a défini la nature des attributions du Comité des Transferts relativement à ces questions, ainsi que sa compétence en fonction des autres organismes intéressés au problème pratique du placement des obligations sur le marché.

Aucune proposition pour le placement, soit des obligations des chemins de fer, soit des obligations industrielles, n'a été présentée au Comité des Transferts depuis le dernier Rapport; en conséquence, le Comité n'a pas eu à examiner la question ni à exprimer d'opinion à ce sujet.

III. ŒUVRE DES COMMISSAIRES ET DES TRUSTEES.

Tous les Commissaires et Trustees déposent en ce moment des rapports intermédiaires sur les travaux effectués dans le domaine de leur activité respective.

A. COMMISSAIRE À LA REICHSBANK.

Le rapport du Commissaire à la Reichsbank passe en revue la politique suivie par la Reichsbank à la lumière de la situation du crédit en Allemagne pendant les neuf premiers mois de la présente année d'application du Plan. A ce sujet, il se réfère au Rapport de la Reichsbank pour l'année civile 1926, qui a été déposé à l'assemblée annuelle du 28 mars 1927. La situation du crédit en Allemagne et de la monnaie dans leurs relations plus générales avec le fonctionnement du Plan dans son ensemble, fait l'objet d'un examen ci-après, dans le chapitre du présent Rapport consacré à cette question.

B. COMMISSAIRE DES CHEMINS DE FER ALLEMANDS.

Le rapport du Commissaire des Chemins de fer allemands examine en détail les résultats obtenus par la Compagnie des Chemins de fer allemands pendant son second exercice, terminé le 31 décembre 1926, pour lequel les comptes viennent d'être approuvés. Il passe également en revue de façon préliminaire les opérations de la Compagnie pendant la première partie de 1927.

Examinant en premier lieu les résultats de l'exercice 1926, le Commissaire fait remarquer que, au début de l'année, les recettes mensuelles de la Compagnie, tant du trafic des voyageurs que du trafic des marchandises, sont tombées au-dessous de celles de la période correspondante de 1925, surtout à cause de la dépression dont souffraient les affaires à cette époque. La situation du trafic des voyageurs n'a pas fait de progrès sensibles pendant l'année. A partir de juin 1926, toutefois, les recettes mensuelles provenant du trafic des marchandises, stimulées par les effets de l'arrêt du travail dans les charbonnages anglais d'une part, et par la reprise générale des affaires d'autre part, ont été supérieures à celles de 1925. En conséquence, le total des recettes d'exploitation, pour l'année, a atteint 4.541 millions de reichsmarks environ, soit 3 % de moins que le total de l'année précédente. Le total des dépenses d'exploitation a atteint 3.681 millions de reichsmarks environ, soit 7 % de moins qu'en 1925, de sorte que les recettes ont été en excédent sur les dépenses d'exploitation de 860 millions de reichsmarks approximativement. Il convient d'estimer, de l'avis du Commissaire, que ce résultat est satisfaisant, étant donné les conditions défavorables qui existaient au début de l'année. La Compagnie a été en mesure, au cours de l'année, de prélever sur ses recettes courantes les sommes nécessaires au service de ses obligations de réparations et de ses actions de préférence, de faire des versements importants à son fonds de réserve et de réaliser un bénéfice net de 85 millions de reichsmarks environ, après avoir réservé 70 millions en vue de nouvelles commandes et reporté, sur l'exercice 1927, un solde de 15 millions. Les dépenses en capital atteignant au total 408 millions de reichsmarks environ pour l'année, ont été en majeure partie financées sur le produit des émissions d'actions de préférence et des crédits mis par le Reich à la disposition de la Compagnie dans le but de lutter contre le chômage.

Le Commissaire déclare que les résultats sont favorables pendant la première partie de l'exercice 1927. Le trafic des voyageurs reste à peu près au niveau de 1926, mais le trafic des marchandises, pour les premiers mois de l'année, a accusé une augmentation considérable, en comparaison du rendement des mêmes mois de 1926, et même une légère augmentation, en comparaison de 1925. En conséquence, les recettes de la Compagnie révèlent une tendance encourageante à la hausse. Le Commissaire fait en même temps remarquer que la Compagnie se trouve en face de nombreuses demandes d'augmentations dans les dépenses ainsi que de multiples réclamations dans le sens d'une réduction des tarifs et qu'elle doit continuer de suivre une politique financière prudente « car une augmentation exagérée de ses charges ou une diminution de ses recettes ferait rapidement disparaître la marge de bénéfices que laisse son exploitation ».

Le Commissaire attire l'attention sur le fait que, pendant toute la période envisagée, la Compagnie a effectué ponctuellement et dans leur totalité tous les payements arrivés à échéance au titre du service de ses obligations de réparations. Ces payements ont atteint, pendant l'exercice 1926, un total de 580 millions de marks-or, soit seulement 80 millions de moins que le montant dû pendant l'année de réparations dite normale. Les payements prélevés sur le produit de l'impôt sur les transports ont été également effectués avec ponctualité, soit par la Compagnie au nom du Reich, soit par le Reich lui-même, conformément aux arrangements dont il a été question ci-dessus. La contribution au titre de l'impôt sur les transports, pendant la troisième année d'application du Plan, atteint 290 millions de marks-or. Il a été dit que le rendement effectif de l'impôt pendant les huit premiers mois de l'année a été de 182,3 millions de reichsmarks environ. Ce chiffre, néanmoins, ainsi que le Commissaire le fait remarquer, a pour base des recettes provisoires et est susceptible d'être ajusté lors de payements ultérieurs.

Le Commissaire indique que l'on a continué de procéder à la réduction des effectifs du personnel, le chiffre ayant passé d'un million environ en octobre 1923 à 680.000 environ en mars 1927 et que l'on peut considérer que le personnel a atteint maintenant un chiffre normal. Toutefois, les économies qui ont résulté en 1926 des réductions de personnel ont été largement compensées par l'augmentation des demandes pour les pensions et les charges sociales. Aucune augmentation de traitement ou de salaire n'a été mise en vigueur pendant l'année 1926, mais les relèvements des indemnités de logement et des salaires en 1927 exigeront des dépenses supplémentaires évaluées par la Compagnie à 96 millions de reichsmarks.

Le Commissaire signale qu'aucune modification n'a été apportée dans les tarifs normaux, soit pour le transport des voyageurs, soit pour celui des marchandises, mais que la Compagnie a poursuivi sa politique qui consiste à accorder des tarifs spéciaux à de nombreuses catégories de trafic, dans l'intérêt de l'économie allemande. Le Commissaire fait remarquer à cet égard que la moyenne des tarifs pour le transport des voyageurs et le transport des marchandises en 1926 dépasse de 35 % environ celle de 1913 ; il estime que cette augmentation soutient favorablement la comparaison avec celles qui ont eu lieu dans d'autres pays à monnaie stabilisée et avec l'augmentation générale du coût de la vie en Allemagne. Il mentionne également les mesures prises en vue d'une réforme possible de l'échelonnement du tarif normal des marchandises et il fait savoir qu'un rapport rédigé à ce sujet par une commission spéciale d'enquête sera communiqué prochainement. Le Commissaire indique que la possibilité d'une réforme est nécessairement limitée tant par la progression des recettes que par l'augmentation des charges de la Compagnie pour les dépenses de personnel et autres dépenses auxquelles on peut s'attendre.

Le rapport du Commissaire s'étend sur la concurrence que font à la Compagnie les services automobiles, les transports par voie navigable ainsi que les services d'aviation et il relate les mesures prises à ce propos en vue de protéger les intérêts de la Compagnie. Le Commissaire insiste sur les subventions et subsides que certains des ces services rivaux ont reçus du Reich et des États et sur le programme pour la construction de canaux et l'amélioration des voies navigables.

En examinant les finances de la Compagnie, le Commissaire attire l'attention sur le fait que des actions de préférence pour un montant en capital de 780 millions de marks-or, soit $88^{1}/_{2}$ % de toutes les actions émises et non rachetées, sont détenues par le Reich ou ses administrations publiques. Il indique l'opportunité qu'il y aurait pour la Compagnie, les conditions étant favorables, à les racheter et à les offrir au public, comme l'envisage le Plan. Il mentionne également les rapports de la Compagnie avec l'établissement dit Verkehrskreditbank ainsi que les nouveaux arrangements conclus en vue de déposer à la Golddiskontbank la partie des fonds de roulement de la Compagnie en excédent sur les besoins immédiats de sa trésorerie et sur les sommes nécessaires aux crédits portant sur les transports de marchandises. Cette question fait l'objet d'un exposé dans une autre partie de ce Rapport, au chapitre consacré au crédit et à la monnaie.

C. COMMISSAIRE AUX REVENUS GAGÉS.

Le rapport du Commissaire aux Revenus gagés constate que le système de contrôle établi en vertu du Plan a continué de fonctionner sans heurt et d'une manière efficace. Le Commissaire a effectué régulièrement les versements mensuels à l'Agent Général, au titre de la contribution budgétaire normale, comme de la contribution budgétaire supplémentaire, dans les tout premiers jours de chaque mois et a commencé, à partir du 1er septembre 1926, à alimenter le fonds de réserve de 100 millions de marks-or prévu, qui est « en première ligne, destiné à couvrir les déficits éventuels des recettes gagées ». Le Commissaire se réfère, à ce sujet, à l'arrangement intervenu afin de modifier la méthode de contrôle des revenus qu'il avait analysé dans son précédent rapport ; il déclare que, grâce à la coopération du Ministère des Finances du Reich, la nouvelle procédure n'a cessé de donner entière satisfaction depuis sa mise en vigueur.

La moyenne mensuelle des recettes provenant des revenus gagés a atteint, pour les sept premiers mois de la troisième année d'application du Plan, 219 millions de reichsmarks environ, contre une moyenne mensuelle d'environ 156 millions pendant les mois correspondants de l'année précédente. Le rendement total de ces revenus s'est élevé, pendant l'exercice fiscal prenant fin le 31 mars 1927, à 2.405 millions de reichsmarks environ, contre 1.900 millions environ, montant des prévisions primitives du Ministre des Finances et contre 1.850 millions environ, total des recettes effectives des douze mois antérieurs. Le budget allemand, pour l'exercice en cours, estime le rendement des revenus gagés à 2.400 millions de reichsmarks et le Commissaire fait ressortir que, si ce chiffre est atteint, la marge entre les revenus gagés et la contribution budgétaire de 1.250 millions de marks-or exigible pendant l'année de réparations normale, atteindra presque 100 %.

Le Commissaire analyse dans son rapport les circonstances spéciales relatives aux divers revenus gagés et attire particulièrement l'attention sur l'augmentation importante des recettes provenant des droits de douane.

D. TRUSTEE POUR LES OBLIGATIONS DES CHEMINS DE FER ALLEMANDS.

Le Trustee résume les diverses mesures prises depuis son dernier rapport dans l'accomplissement de ses fonctions de Trustee et passe en revue les payements effectués par la Compagnie des chemins de fer allemands sur les 11 milliards de marks-or, montant nominal, des obligations de réparations émises par la Compagnie. Le Trustee fait allusion au bilan de la Compagnie à la fin de son second exercice et, à ce sujet, fait ressortir les résultats satisfaisants de son fonctionnement et des bénéfices réalisés. Ainsi que le remarque le Trustee, les bons résultats obtenus par la Compagnie s'ajoutant à l'amélioration générale du crédit en Allemagne depuis le début du Plan des Experts, contribueront largement à faciliter le placement des obligations des Chemins de fer allemands lorsque le moment sera venu de les offrir sur les marchés mondiaux.

E. TRUSTEE POUR LES OBLIGATIONS INDUSTRIELLES ALLEMANDES.

Le rapport du Trustee pour les obligations industrielles allemandes embrasse la première moitié de la troisième année d'application du Plan et présente sommairement les mesures prises pendant cette période en vue de l'exécution de la Loi sur la charge de l'industrie du 30 août 1924. Le Trustee traite particulièrement les problèmes administratifs soulevés par la question des transferts de biens immobiliers effectués par des entreprises assujetties à la charge de l'industrie, et il attire l'attention sur le fait que, en vertu des dispositions du décret intitulé neuvième décret d'exécution de la Loi sur la charge de l'industrie, la nouvelle répartition générale de la charge a été ajournée d'une année et s'effectuera, par conséquent, au cours de l'année civile 1927. Cet ajournement a été nécessité par les difficultés qu'ont rencontrées les bureaux de perception du Reich dans l'établissement de l'assiette de l'impôt sur la propriété immobilière et mobilière. On se souvient que le capital d'exploitation de chaque entreprise, établi d'après cette assiette, sert de base à la répartition de la charge de l'industrie. Le Trustee fait ressortir que la décision prise par le Gouvernement d'ajourner la nouvelle répartition a eu, entre autres, pour conséquence d'obliger la Banque pour les obligations industrielles allemandes et le Trustee à exiger les payements afférents à 1927, même des entreprises qui avaient fait faillite ou avaient été liquidées d'une autre manière en 1926; ce fait explique le nombre important des interventions de la part de la Banque et du Trustee dans des procédures de faillite.

Dans son rapport, le Trustee fait allusion à diverses autres opérations effectuées pendant la première partie de la troisième année d'application du Plan, relative-

8

ment à la garantie afférente aux obligations individuelles négociables, ainsi qu'aux résultats de la tendance de l'industrie à la concentration. Le Trustee décrit également les nouvelles mesures qui ont été prises en vue de l'exécution de la loi, dite Aufbringungsgesetz, ou loi relative à la perception de la charge de l'industrie, qui prévoit les contributions demandées à des entreprises autres que celles qui sont directement soumises à la charge de l'industrie, en vue d'ajuster et d'égaliser cette charge générale. A ce sujet, le rapport résume le quatrième décret édicté en vertu de cette loi; ce décret stipule les méthodes de fixation des payements à effectuer de ce chef pendant l'année civile 1927.

Le Trustee indique que la Banque pour les obligations industrielles allemandes a clos son deuxième exercice le 31 décembre 1926; il résume le bilan et le compte Profits et Pertes arrêtés à cette date. On remarquera que la Banque porte sous la rubrique « Compte de Réserve de Garantie » un fonds de plus de 20,7 millions de reichsmarks, provenant principalement de versements effectués en vertu de l'Aufbringungsgesetz.

Pour la troisième année d'application du Plan, le montant à verser par l'industrie allemande, en vertu de la Loi sur la charge de l'industrie, s'élève au total à 250 millions de marks-or; cette somme représente l'intérêt à 5 % l'an de 5 milliards de marks-or des obligations industrielles, en valeur nominale. Cette somme est payable en deux versements égaux, le 1ᵉʳ avril et le 25 août 1927, et le Trustee rend compte que le premier payement de 125 millions de marks-or a été versé dès la date d'échéance au compte de l'Agent Général des Payements de Réparations à la Reichsbank, par l'entremise de la Banque pour les obligations industrielles allemandes. Le Trustee estime que le total des payements devant être effectués au titre de la charge de l'industrie, pour ce qui est de la troisième annuité, y compris les versements au fonds de réserve de la Banque, représente une contribution d'environ 0,75 % sur le capital d'exploitation des entreprises assujetties à la charge.

Le Trustee déclare en terminant qu'il n'a été effectué aucune vente ni aucun rachat d'obligations individuelles négociables, ni de bons industriels, pendant la période envisagée dans son rapport, et qu'il détient encore la totalité des 5 milliards de titres prévus dans la Loi sur la charge de l'industrie; ce chiffre comprend des obligations individuelles négociables pour un montant nominal de 653,5 millions de marks-or et des bons industriels d'un total de 4.436,5 millions de marks-or, valeur nominale.

IV. BUDGET DE L'ALLEMAGNE.

Au cours des six mois qui se sont écoulés depuis le dernier Rapport, le Reichstag a voté le budget de l'exercice 1927-28 ainsi qu'un important budget supplémentaire intéressant l'exercice 1926-27, clos le 31 mars 1927. Plus récemment encore, les chiffres provisoires afférents aux recettes et aux dépenses effectives de l'exercice 1926-27 ont paru. Il est ainsi possible, au moyen de ces chiffres et grâce aux nouveaux budgets votés, de passer en revue les budgets du Reich pendant une période de quatre années consécutives et il convient d'examiner maintenant le rapport entre le budget de l'Allemagne et le fonctionnement du Plan des Experts.

A. INTÉRÊT DU BUDGET DE L'ALLEMAGNE POUR LE PLAN DES EXPERTS.

L'Allemagne effectue régulièrement et ponctuellement les payements que le Plan exige d'elle et, dans ces conditions, on peut se demander pourquoi, dans l'administration du Plan, on se préoccupe, dans du budget de l'Allemagne. Le Plan n'a institué aucun contrôle général des recettes et des dépenses de l'Allemagne et n'a pas donné à l'Agent Général des Payements de Réparations de pouvoirs généraux lui permettant de surveiller le budget de l'Allemagne. Au contraire, le Plan laisse le Gouvernement allemand libre d'élaborer et de gérer ses budgets et le Gouvernement agit en tout sous sa propre responsabilité. Il faut, naturellement, qu'il tienne dûment compte des obligations qu'il a assumées, mais, tant qu'il effectue les payements requis en vertu du Plan, la question d'un contrôle budgétaire extérieur ne se pose pas.

Le Plan des Experts s'intéresse cependant en tout temps à la situation du budget de l'Allemagne, et cela pour trois raisons principales au moins.

Tout d'abord, le Plan s'intéresse au budget allemand pour la raison générale que l'équilibre budgétaire est essentiel au redressement économique de l'Allemagne et à sa capacité d'effectuer les payements de réparations requis par le Plan. Le premier Comité d'Experts a été nommé en vue de « rechercher les moyens d'équilibrer le budget et les mesures à prendre pour stabiliser la monnaie de l'Allemagne ». Les Experts ont reconnu que ces deux problèmes étaient étroitement liés et ils ont étudié chacun de ces problèmes avec le plus grand soin, mais ils n'ont « jamais perdu de vue que l'équilibre du budget et la stabilisation monétaire sont des moyens destinés à satisfaire à la fois aux besoins essentiels de l'Allemagne et aux obligations que lui impose le Traité, obligations dont l'exécution est indispensable pour la reconstruction de l'Europe occidentale ». Dans l'exposé relatif à la nécessité et aux moyens d'équilibrer le budget, les Experts ont déclaré :

> « Il est bien évident que l'équilibre du budget et la stabilisation monétaire ont peu de valeur à moins qu'on ne puisse les maintenir. Il ne suffit pas de s'assurer qu'un ou plusieurs budgets seront équilibrés; il est nécessaire d'examiner sous quelles conditions, étant donné une saine administration, la stabilité financière aussi bien que la stabilité monétaire pourront être assurées de façon continue, ou plutôt dans quelles conditions cette stabilité une fois obtenue risquerait d'être menacée. Il est donc indispensable d'étudier, non certes dans le même détail, mais avec l'attention nécessaire, les principaux facteurs déterminants des années ultérieures, au cours desquelles l'Allemagne devra liquider graduellement ses obligations extérieures découlant du Traité. »

Ces citations font ressortir l'intérêt que présente pour le Plan l'équilibre continu du budget de l'Allemagne. Le devoir de maintenir cet équilibre et de prévenir de toutes les manières possibles les manifestations qui pourraient provoquer un déséquilibre budgétaire incombe en premier lieu au Gouvernement allemand lui-même, et l'on peut compter qu'il se conformera à ce devoir dans son propre intérêt. Mais le Plan doit néanmoins se préoccuper de toutes les tendances paraissant susceptibles de faire courir un risque à l'équilibre du budget.

En second lieu, le Plan s'intéresse directement au budget allemand parce qu'il fournit les crédits pour les contributions budgétaires à verser chaque année par le Gouvernement allemand à l'Agent Général des Payements de Réparations. Ces versements ont commencé pendant la seconde année d'application du Plan; le tableau ci-dessous les analyse sous leur forme générale et donne les chiffres par année d'application du Plan prenant fin le 31 août, ainsi que par exercice budgétaire se clôturant le 31 mars.

Contributions prélevées sur le budget allemand (en millions de marks-or)	Années d'application du Plan se terminant le 31 août		Exercices budgétaires se terminant le 31 mars	
	Contribution budgétaire proprement dite (¹)	Impôt sur les transports	Contribution budgétaire proprement dite (¹)	Impôt sur les transports
1924—25.........................	néant	néant	néant	néant
1925—26.........................	250	250	145,8	145,8
1926—27.........................	410	290	276,4	261,7
1927—28.........................	500	290	529,5	301,7
1928—29.........................	1.250	290	937,5	290,0
1929—30.........................	1.250	290	1.250,0	290,0

(¹) Cette contribution est sujette à une augmentation à partir de 1929—30 par le jeu de l'indice de prospérité établi par le Plan.

La contribution budgétaire proprement dite, qui s'élève à 1.250 millions de marks-or pendant l'année dite normale, est expressément garantie par les revenus gagés, qui comprennent les douanes, les impôts sur le tabac, la bière et le sucre, et les bénéfices nets du Monopole de l'alcool. Ces revenus sont remis en garantie au Commissaire aux Revenus Gagés, en vertu du Protocole de Contrôle qui fait partie de l'Accord de Londres, et la contribution budgétaire est versée chaque mois à l'Agent Général des Payements de Réparations par le Commissaire aux Revenus Gagés qui la prélève sur les rentrées des revenus gagés. Comme nous l'avons dit ailleurs dans le présent Rapport et comme il ressort du rapport du Commissaire lui-même, le rendement des revenus gagés pour l'exercice 1926-27 a légèrement dépassé 2.400 millions de reichsmarks et le budget de l'exercice en cours prévoit en substance le même rendement pour l'exercice 1927-28. Avec ce rendement, les revenus gagés offrent une marge de sécurité dépassant de près de 100 %, la contribution budgétaire proprement dite de l'année normale. Les payements provenant du rendement de l'impôt sur les transports sont garantis par les recettes de l'impôt sur les transports et. en vertu des dispositions du Plan et de la loi sur les chemins de fer, ces versements sont effectués directement chaque mois par la Compagnie des Chemins de fer allemands entre les mains de l'Agent Général des Payements de Réparations.

C'est ainsi que le Plan a défini l'obligation primordiale imposée au Gouvernement allemand de prélever les payements de réparations sur le budget de l'Allemagne et il a prévu des sûretés déterminées pour l'exécution de cet engagement, y compris les revenus gagés ou affectés en garantie. Toutefois, le fait que les contributions budgétaires sont assurées n'affaiblit en aucune manière l'intérêt porté par le Plan à l'équilibre du budget. Si forte que soit la garantie des contributions budgétaires elles-mêmes, l'équilibre budgétaire n'en est pas moins la clef de voûte du Plan et de la reconstruction de l'Allemagne.

En troisième lieu, le Plan s'intéresse d'une manière générale au budget de l'Allemagne à cause du rapport entre l'équilibre budgétaire et le transfert des payements de réparations. Comme les Experts l'ont déclaré, « la monnaie d'un pays ne peut demeurer stable si son budget n'est pas normalement équilibré, car si les dépenses dépassent continuellement les recettes, il viendra un moment où l'émission des billets s'imposera pour couvrir le déficit, et l'inflation entraînera fatalement la dépréciation de la monnaie ». Il y a certainement un rapport entre l'équilibre budgétaire et la stabilité monétaire et tout ce qui a ou peut avoir une influence sur la stabilité de la monnaie a sa répercussion sur le problème des transferts.

C'est pourquoi il est nécessaire, étant donné l'intérêt que l'équilibre du budget de l'Allemagne présente manifestement pour le Plan, d'étudier avec soin l'évolution du budget pendant les quatre années pour lesquelles on dispose actuellement de chiffres. Un examen de cette nature aura l'avantage de révéler si des tendances malsaines se sont manifestées jusqu'à présent et, dans l'affirmative, quelles ont été ces tendances. On peut également espérer que cette étude mettra bien en lumière les ressources fondamentales du budget allemand et montrera comment, après avoir assuré les payements de réparations, elles peuvent permettre de faire face à l'avenir aux besoins essentiels du pays.

B. BUDGET DU REICH.

Le budget du Reich constitue, naturellement, l'élément principal de la situation financière de l'Allemagne, bien qu'il faille également tenir compte des budgets des Etats et des communes.

Les Rapports précédents ont suivi les budgets du Reich à travers les années successives de fonctionnement du Plan et le dernier Rapport s'efforçait de faire, sur la base des chiffres dont on pouvait alors disposer, une étude comparée des recettes et des dépenses pour les trois exercices postérieurs à la stabilisation. Peu après, le 17 décembre 1926, le Reichstag a voté le budget supplémentaire pour l'exercice 1926-27; plusieurs postes de ce budget apportaient des modifications importantes aux chiffres tant des recettes que des dépenses. Il ouvrait, pour des dépenses supplémentaires de l'exercice, des crédits d'un montant d'environ un milliard de reichsmarks et ajoutait, d'autre part, près de 430 millions aux prévisions de recettes. Les autres augmentations de dépenses étaient, en très grande partie, couvertes au moyen d'une autorisation d'émettre des emprunts supplémentaires.

Quelques semaines plus tard, le projet de budget pour l'exercice 1927-28 était déposé au Reichstag : le total des dépenses prévues atteignait un montant à peu près égal à celui du total de 1926-27, y compris les augmentations. Pendant les trois mois qui suivirent et tandis que le budget était en cours de discussion, les demandes d'ouverture de crédits augmentèrent encore de plus de 600 millions de reichsmarks. Le budget pour l'année, tel qu'il a été définitivement voté le 13 avril 1927, n'a pu être équilibré que grâce à un relèvement des prévisions de recettes de 270 millions de reichsmarks, en reportant un excédent de 1926-27 estimé à 200 millions, par un prélèvement de 190 millions sur le fonds du Reich dit fonds de réserve ou fonds de roulement et enfin grâce à l'autorisation d'emprunter 466 millions de reichsmarks, au lieu des 528 millions du projet primitif. Au cours de la discussion qui a précédé le vote du budget, le Ministre des Finances fit fréquemment allusion aux difficultés rencontrées par le Gouvernement à maintenir le budget en équilibre et, avant même que la loi de finances fût votée, il annonça que des crédits supplémentaires seraient bientôt nécessaires pour faire face au relèvement des traitements des fonctionnaires et des employés du Gouvernement, aux allocations supplémentaires octroyées aux victimes de la guerre et aux indemnités consenties aux ressortissants allemands ayant subi des dommages du fait de la liquidation des biens privés dans les pays étrangers par suite des hostilités. Cependant, aucun budget supplémentaire n'a été jusqu'à présent déposé pour 1927-28.

LE BUDGET DU REICH (en millions de reichsmarks)	1924-25 chiffres définitifs	1925-26 chiffres définitifs	1926-27 chiffres provisoires	1927-28 pré- visions
RECETTES				
Recettes provenant de l'impôt :				
Impôts sur le revenu, sur les sociétés, sur le chiffre d'affaires, etc.	5.764,6	4.892,7	4.712,9	5.305,0
Droits de douane et taxes de consommation, etc. :				
gagés	1.427,4	1.851,3	2.405,8	2.410,0
non gagés	129,7	112,3	56,3	35,0
TOTAL	7.321,7	6.856,3	7.175,0	7.750,0
Recettes administratives et recettes diverses :				
Produit des entreprises et des investissements de l'Etat	147,1	77,2	175,8	203,5
Redevances, licences, amendes et autres recettes administratives	188,2	187,3	189,8	130,3
Bénéfices de la frappe des monnaies	99,9	213,6	149,1	190,0
TOTAL	435,2	478,1	514,7	523,8
TOTAL des recettes	7.756,9	7.334,4	7.689,7	8.273,8
DÉPENSES				
Reversements aux Etats et aux communes	2.770,4	2.595,6	2.625,6	2.892,9
Dépenses générales d'administration	1.660,3	1.967,4	2.323,1	2.439,7
Secours aux chômeurs	35,8	163,6	392,3	580,1
Pensions, etc. :				
pensions de guerre	997,7	1.329,7	1.374,6	1.387,2
pensions civiles	69,1	99,0	87,7	87,6
Charges intérieures résultant de la guerre, etc.	1.136,7	352,6	304,7	177,3
Exécution du Plan des Experts	—	291,3	537,0	831,2
Réserve du Commissaire aux Revenus Gagés	—	—	12,8	67,5
Remboursement des Bons du Trésor (Séries E et K)	74,1	162,8	87,4	—
Amortissements des divers emprunts or	364,5	90,3	83,6	74,0
Payements au titre de la dette revalorisée	—	1,1	240,8	356,8
Investissements, prêts, etc.	111,6	390,9	473,6	235,9
TOTAL des dépenses	7 220,2	7.444,3	8.543,2	9.130,2
Excédent des recettes sur les dépenses	536,7	—	—	—
Excédent des dépenses sur les recettes	—	109,9	853,5	856,4
AUTRES RESSOURCES PORTÉES EN COMPTE				
Report de soldes des exercices antérieurs	—	672,0	782,1	200,0
Prélèvements sur le fonds de réserve ou de roulement	—	—	—	190,0
Produit des emprunts :				
de la Rentenbank et de divers emprunts or	355,3	—	—	—
de l'emprunt du Reich (février 1927)	—	—	329,4	—
non encore émis	—	—	—	466,4
SOLDES	892,0	562,1	258,0	—

1. *Tableaux comparatifs du budget.*

Le tableau comparatif inséré ci-après donne sous une forme résumée les derniers chiffres parus sur le budget du Reich pour les exercices 1924-25, 1925-26, 1926-27 et 1927-28. Pour les deux premières années, on a porté les chiffres des comptes effectifs. Pour 1926-27, les recettes sont en majeure partie effectives et les dépenses provisoires. Pour l'exercice 1927-28, les chiffres sont empruntés aux prévisions budgétaires récemment votées. Dans tous les cas, les chiffres sont donnés sans distinction entre le budget dit ordinaire et le budget dit extraordinaire.

Sur les quatre années envisagées par le tableau précédent, seule la première, l'année 1924-25, a accusé un excédent de recettes sur les dépenses. A l'excédent des recettes de cette année vient s'ajouter un montant de 355,3 millions de reichsmarks représentant le solde du produit de prêts de la Rentenbank et de divers emprunts-or contractés en vue de la stabilisation de la monnaie. Pour chacune des trois autres années, le tableau indique un excédent de dépenses sur les recettes allant de 109,9 millions de reichsmarks en 1925-26 à 853,5 millions de reichsmarks en 1926-27; il fait ressortir un déficit évalué à 856,4 millions de reichsmarks en 1927-28. Ces déficits ont été en grande partie couverts au moyen de reports de soldes exceptionnels légués par l'exercice 1924-25, mais en 1926-27, pour la première fois depuis la mise en vigueur du Plan, il a fallu émettre un emprunt du Reich afin de couvrir une partie de l'excédent des dépenses sur les recettes. Le budget de 1927-28 comporte la faculté d'émettre de nouveaux emprunts pour un montant de 466,4 millions de reichsmarks, en vue de combler le déficit du budget.

Un prélèvement de 190 millions de marks-or sur le fonds dit fonds de réserve ou fonds de roulement du Reich est également inscrit dans les prévisions pour 1927-28 parmi les ressources portées en compte. Il est difficile de déterminer l'origine de ce poste dans aucun des budgets précédents, mais sans doute cette somme provient de bénéfices nets réalisés par le Reich pendant l'exercice 1924-25 sur la frappe de monnaie. Une annexe aux comptes de 1924-25 indique que le bénéfice sur la frappe s'élevait en fait à environ 342 millions de reichsmarks pour l'année. D'autre part, les comptes définitifs de l'exercice ne portaient qu'environ 99 millions de bénéfice brut sur la frappe, moins 9 millions de dépenses, et il restait 251,9 millions de bénéfices qui n'ont pas figuré dans les comptes, mais qui, détachés en tant que réserve spéciale ou fonds de roulement, sont entièrement en dehors des comptes budgétaires. C'est de là que sont tirés les 190 millions qui servent à équilibrer le budget de 1927-28; il reste apparemment, après ce prélèvement, un solde de 61,9 millions dans le fonds de réserve ou fonds de roulement.

Les revenus et les dépenses des quatre exercices compris dans le tableau comparatif, abstraction faite du produit des emprunts ainsi que de tous les reports d'un exercice sur l'autre et des prélèvements sur le fonds de réserve figurent au graphique ci-dessous:

9*

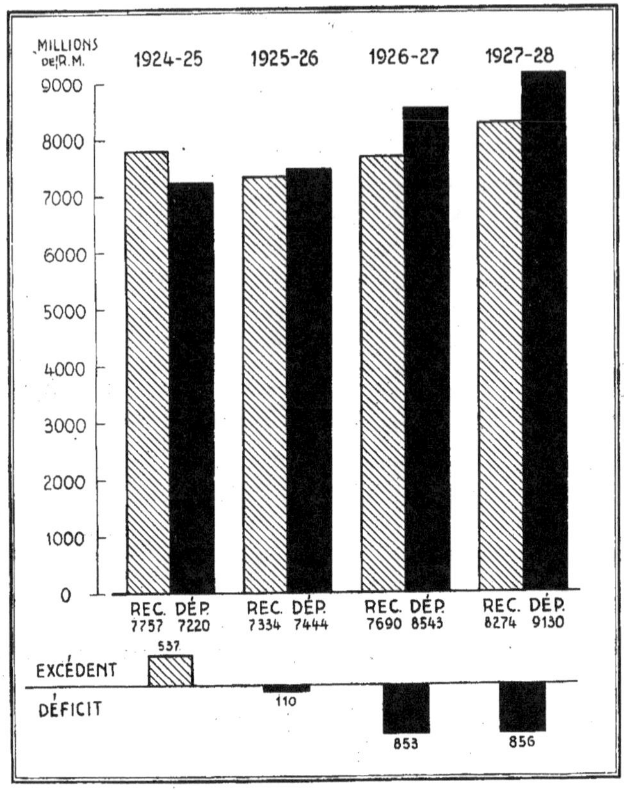

2. *Commentaire des tableaux relatifs au budget.*

Le tableau comparatif des budgets du Reich qui précède a pour objet de résumer la situation budgétaire de la manière la plus simple possible et, pour cette raison, il ne tient pas compte de la distinction que le budget établit lui-même entre le budget ordinaire et le budget extraordinaire ainsi qu'entre les dépenses permanentes et les dépenses exceptionnelles. Les budgets du Reich présentent également d'autres complications dont les plus sérieuses résultent de la pratique des reports d'un exercice sur l'autre et de l'emploi de diverses méthodes pour indiquer les opérations afférentes à la dette publique, qu'il s'agisse de recettes provenant d'emprunts ou de dépenses effectuées en vue de la réduction de la dette.

Pour simplifier les choses, il importe d'éliminer autant que possible ces éléments de complication des études comparatives des budgets du Reich données dans le présent Rapport. Néanmoins, ces complications ont une certaine importance en elles-mêmes et il convient, si l'on veut faciliter la compréhension des documents budgétaires, d'en exposer les éléments et de les expliquer brièvement.

a. *Distinction entre budget ordinaire et budget extraordinaire.* — La distinction la plus importante faite dans le budget du Reich est celle qui est établie entre budget ordinaire et budget extraordinaire. Les principes essentiels qui président à l'élaboration du budget extraordinaire sont exposés dans la loi du 31 décembre 1922, dite Loi constitutive du budget. Cette loi stipule que le budget du Reich sera divisé en budget ordinaire et budget extraordinaire. Le premier doit comprendre les recettes régulières ou ordinaires du Reich et les dépenses auxquelles ces recettes doivent faire face. Dans le second, doit figurer, au chapitre des recettes, le produit des emprunts et de la vente de biens du Reich, les excédents provenant du budget ordinaire, les dotations affectées à l'amortissement de la dette et toute autre ressource qui est « extraordinaire en ce qui concerne son montant ou sa provenance ». Les dépenses que ces recettes extraordinaires sont destinées à couvrir doivent être de nature exceptionnelle et sont soumises aux restrictions de l'alinéa 1 de l'article 87 de la Constitution allemande, lequel stipule que: « Il ne sera fait appel au crédit pour obtenir des ressources qu'à raison de besoins extraordinaires et, en règle générale, seulement pour des dépenses ayant des buts lucratifs ».

BUDGET EXTRAORDINAIRE DU REICH (en millions de reichsmarks)	1924—25 chiffres définitifs	1925—26 chiffres définitifs	1926—27 chiffres provisoires	1927—28 prévisions
PARTIE I				
RECETTES				
Remboursement de prêts, produit de ventes de propriétés, bénéfices administratifs, etc.	194,4	142,8	2,4	4,8
Emprunts émis	355,3	—	329,4	—
Emprunts autorisés mais non émis	—	—	262,1	466,4
Excédents du budget ordinaire	75,7	464,5	—	—
TOTAL	625,4	607,3	593,9	471,2
DÉPENSES				
Investissements, prêts, avances, etc. (pour une part)	100,6	312,8	357,4	200.6
Secours productifs aux chômeurs	—	—	—	130,0
Dépenses résultant de la guerre, de la démobilisation et de l'occupation	341,8	1,0	16,9	12,5
Remboursement des Bons du Trésor (séries E et K) et de dettes diverses (pour une part)	181,6	127,5	73,4	—
Marine	—	19,5	28,5	57,0
Dépenses diverses, y compris l'Armée	1,4	1,0	0,8	3,6
Réserve servant de garantie à la contribution budgétaire en vertu du Plan des Experts	—	—	12,8	67,5
Contribution budgétaire en vertu du Plan des Experts (voir ci-dessous)	—	145,5	104.1	—
TOTAL	625,4	607,3	593,9	471,2
PARTIE II				
RECETTES				
Prélèvements sur le budget ordinaire	100,0	154,9	438,9	836,2
DÉPENSES				
Contribution budgétaire en vertu du Plan des Experts (voir ci-dessus)	—	—	171,9	529,5
Impôt sur les transports	—	145,8	261,0	301,7
Amortissement de la dette (pour une part)	100,0	9,1	6,0	5,0
TOTAL	100,0	154,9	438,9	836,2
TOTAL général des Parties I et II	725,4	762,2	1.032,8	1.307,4

Le tableau figurant ci-dessous contient un état comparatif des budgets extraordinaires du Reich pendant la même période de quatre années. Pour plus de commodité, ce tableau divise les budgets extraordinaires en deux parties; dans l'une, figurent les recettes et les dépenses du budget extraordinaire proprement dit et, dans la seconde, sont portées les dépenses couvertes au moyen de ressources prélevées sur le budget ordinaire ; ces dépenses comprennent l'amortissement spécial de la dette, l'impôt sur les transports et la contribution budgétaire prévue par le Plan des Experts après la seconde année d'application du Plan. On remarquera que, pour les exercices 1926-27 et 1927-28 tous les postes du budget extraordinaire proprement dit sont couverts, à part des exceptions insignifiantes, au moyen d'emprunts autorisés ou déjà émis.

La contribution budgétaire prévue par le Plan des Experts figure au budget extraordinaire, mais à partir de la troisième année d'application du Plan, elle est couverte au moyen de transferts de recettes provenant du budget ordinaire. Il en est de même des payements effectués au moyen du produit de l'impôt sur les transports, à partir de la seconde année d'application du Plan. La contribution budgétaire de la seconde année d'application du Plan, à savoir 250 millions de marks-or, apparait dans le budget extraordinaire proprement dit. La raison de cette distinction n'est pas claire. En fait, la contribution budgétaire et le payement de l'impôt sur les transports dans la seconde année d'application du Plan étaient censés être couverts, aux termes du Plan, par l'émission de 500 millions de marks-or, valeur nominale, d'actions de préférence de la Compagnie des Chemins de fer allemands dont le produit était attribué au Gouvernement du Reich. Au cours de la seconde année d'application du Plan, la Gouvernement a préféré toucher les actions elles-mêmes plutôt que le produit éventuel de leur émission; il a donc effectué un placement en achetant ces actions, sous réserve d'un droit de rachat pour la Compagnie des Chemins de fer à certaines conditions convenues. En ce qui concerne les budgets ultérieurs, les dividendes de ces actions y sont inscrits aux recettes administratives et diverses du Reich, mais dans la mesure où l'on peut s'en rendre compte, l'opération primitive au moyen de laquelle les actions elles mêmes ont été acquises ne figure nulle part dans les comptes relatifs au budget du Reich.

b *Reports d'un exercice sur l'autre.* — Conformément à la pratique budgétaire allemande, les recettes qui n'ont pas été perçues et les dépenses qui n'ont pas été effectuées pendant l'année pour laquelle elles ont été inscrites au budget ne sont pas reportées dans les prévisions budgétaires des exercices suivants. Cependant ces postes figurent dans les comptes définitifs de l'année où ils sont encaissés ou dépensés et l'excédent de ces payements sur ces recettes est couvert au moyen du report de sommes réservées à cet effet dans les exercices précédents.

Les recettes inscrites au budget et non perçues se composent, pour une part, pendant les dernières années, de recettes administratives non encore perçues, mais elles proviennent surtout du produit d'emprunts autorisés mais non émis. Un des caractères de la pratique budgétaire de la période que nous examinons et pour laquelle on dispose de comptes définitifs est l'augmentation sensible du chiffre des restes à percevoir. En 1924-25, le montant de ces recettes s'élevait à 29,7 millions de reichsmarks et aucune de ces ressources ne provenait d'emprunts à émettre. En 1925-26, le montant s'élevait à 115,1 millions, dont 100 millions pour les emprunts à émettre. En 1926-27, ce montant s'élevait à 646,1 millions dont 571,6 millions pour les emprunts à émettre. En ce qui concerne 1927-28, on ne peut naturellement pas connaître ces postes avant la publication des comptes de l'année.

Les autorisations d'emprunt actuelles comprennent non seulement les 466,4 millions de reichsmarks nécessaires pour équilibrer le budget de 1927-28, mais encore 487,3 millions autorisés pour les exercices 1925-26 et 1926-27, mais non encore utilisés. Outre ces autorisations d'emprunt, s'élevant au total à 953,7 millions, il reste un montant de 123,1 millions représentant la partie du produit de l'emprunt émis par le Reich en février 1927, qui n'avait pas été touchée pendant l'exercice 1926-27. Cette somme est reportée à l'exercice suivant. Le montant total des autorisations disponibles pour 1927-28 est, par conséquent, de 1.076,8 millions, sur lesquels 571,6 millions sont réservés afin de couvrir des restes de dépenses extraordinaires non effectuées en 1926-27 et 466,4 millions pour des dépenses extraordinaires afférentes à 1927-28. Le solde des autorisations d'emprunt de cette année, soit 38,8 millions, ne paraît pas actuellement être requis et ces autorisations tomberont en annulation si le besoin ne s'en fait pas sentir, conformément au § 2 de la loi de finances du 14 avril 1927.

Tout ce système a pour effet de présenter la situation financière de l'Allemagne sous un jour très artificiel. Les restes à percevoir, principalement composés d'emprunts à émettre, ne représentent pas des recettes effectives, tandis que les restes à dépenser constituent de véritables autorisations de dépenses qui, pour la plupart, ont déjà été utilisées. En d'autres termes, ce système de comptabilité permet de faire ressortir des excédents budgétaires qui n'existent pas en réalité et qui ne se réaliseront à l'avenir que dans la mesure où l'on procédera effectivement à l'émission d'emprunts. Autrement dit, les excédents budgétaires ne peuvent souvent être réalisés que par recours à l'emprunt.

Un autre aspect du problème mérite d'attirer notre attention. Le système qui consiste à reporter les autorisations de dépenses d'un exercice sur l'autre diminue sensiblement la possibilité d'exercer un contrôle effectif sur les dépenses du Gouvernement. Cela est particulièrement exact à un moment où la situation change aussi vite et où les besoins se modifient aussi rapidement qu'aujourd'hui en Allemagne. Par exemple, le total des autorisations de dépenses pour 1926-27 reportées en 1927-28 s'élève à 704,6 millions; cela revient à dire que le Gouvernement est autorisé à effectuer en 1927-28 des dépenses jusqu'à concurrence de ce montant sans avoir besoin de passer à nouveau par le Parlement. Le manque de contrôle résultant de ce système est évident.

Nous en avons assez dit pour montrer clairement qu'il est nécessaire de ne pas perdre de vue ces reports d'un exercice sur l'autre lorsqu'on analyse le budget. Ils servent particulièrement à expliquer le poste des autres ressources portées en compte qui figure au bas du tableau comparatif des budgets du Reich, inséré ci dessus page 34.

Le tableau ci-dessous indique la composition des soldes figurant à l'état comparatif pour les exercices 1924-25, 1925-26 et 1926-27; ces soldes sont exprimés en millions de reichsmarks :

Solde de l'exercice 1924-25 :

Report aux comptes de 1925-26 pour faire à des engagements relatifs à 1924-25 qui n'avaient pas été réglés pendant cette année		395,6
Report pour des fins générales :		
au budget de 1925-26	276,4	
au budget de 1926-27	220,0	496,4
Total		892,0

Solde de l'exercice 1925-26 :

Report aux comptes de 1926-27 pour faire face à des engagements relatifs à 1925-26 qui n'avaient pas été réglés pendant cette année	382,0
Report pour des fins générales :	
au budget de 1926-27	180,1
Total	562,1

Solde de l'exercice 1926-27 (chiffres provisoires) :

Réserve pour un report aux comptes de 1927-28 pour faire face à des engagements relatifs à 1926-27 qui n'ont pas été réglés pendant cette année	58,5
Report pour des fins générales :	
au budget de 1927-28	199,5
Total	258.0

La composition détaillée du poste ci-dessus de 395,6 millions de reichsmarks, représentant la réserve destinée à faire face aux engagements portant sur 1924-25 qui n'avaient pas été réglés pendant cette année a déjà été insérée dans le Rapport du 15 juin 1926. Le poste de 382 millions de reichsmarks inscrit ci-dessus comme ayant été reporté aux comptes de 1926-27 pour faire face aux engagements relatifs à 1925-26 qui n'avaient pas été réglés pendant cette année, s'établit de la façon suivante :

Indemnités pour pertes subies du fait de la guerre par des ressortissants allemands à l'étranger et pertes résultant d'opérations de l'Office de compensation pour créances de guerre		44,3
Casernes, munitions et fournitures à l'Armée et à la Marine		65,9
Liquidation de la guerre et frais de l'occupation		37,7
Allocations aux États pour chômage		35,1
Prêts et subsides pour la construction d'habitations		10,1
Construction de voies navigables		11,0
Assurances sociales		13,8
Secours aux fonctionnaires, indemnités aux retraités, etc.		21,4
Remboursement des Bons du Trésor (séries E et K)		15,2
Payements au titre de la dette revalorisée :		
Annuités privilégiées accordées aux « anciens » détenteurs de la dette de liquidation des emprunts	25,4	
Payements forfaitaires aux « anciens » détenteurs nécessiteux de montants peu élevés	150,0	175,4
Reversement aux États de l'impôt sur le vin		5,2
Divers		62,0
		497,1
A déduire les recettes afférentes à 1925-26 et non perçues pendant cette année :		
Emprunt autorisé mais non émis	100,0	
Excédent des Postes	12,0	
Excédent de l'Office des céréales du Reich	2,3	
Recettes diverses	0,8	115,1
Exédent net reporté aux comptes de 1926-27		382,0

Il n'est pas encore possible de donner la composition détaillée du poste de 58,5 millions de reichsmarks, représentant l'excédent des engagements de 1926-27 non réglés pendant cette année sur les recettes de 1926-27 non perçues au cours de l'exercice. On peut donner, cependant, les renseignements suivants sur les éléments généraux de ce poste :

Engagements relatifs à 1926-27 non réglés pendant cette année :
Budget ordinaire 423,0
Budget extraordinaire 281,6   704,6
A déduire les recettes afférentes à 1926-27 et non perçues pendant cette année:
Budget ordinaire 74,5
Budget extraordinaire 571,6   646,1
Excédent net reporté aux comptes de 1927-28 58,5

c *Dépenses exceptionnelles.* — Aucune distinction n'est faite entre dépenses permanentes et dépenses exceptionnelles dans les tableaux du présent Rapport. Cependant, le budget allemand fait cette distinction, qui résulte apparemment des dispositions de la Loi constitutive du budget du 31 décembre 1922. L'article 4 de cette loi définit « les dépenses exceptionnelles » comme étant des « dépenses qui, par leur nature, ne se renouvellent pas ou ne se renouvellent qu'après de longues périodes ou encore ne se renouvellent qu'éventuellement pour les années suivantes ». Ces dépenses figurent au budget ordinaire sous une rubrique spéciale et, comme les autres dépenses ordinaires, elles sont censées devoir être couvertes par des ressources ordinaires. En 1924-25, les prévisions pour ces dépenses s'élevaient au total à 264 millions de reichsmarks ; en 1925-26, à 655 millions ; en 1926-27, à 509 millions ; et en 1927-28, à 927 millions de reichsmarks.

Les dépenses exceptionnelles sont portées aux prévisions budgétaires sous des titres très variés et forment souvent des postes très peu importants. Il ne serait pas possible de tenter, dans les limites du présent Rapport, une analyse générale des dépenses, en faisant état de la distinction entre postes permanents et postes exceptionnels, néanmoins il est intéressant de donner, à titre d'exemple, le tableau suivant qui indique, d'une manière sommaire, les dépenses figurant aux prévisions budgétaires du présent exercice au titre de dépenses exceptionnelles :

Dépenses générales d'administration.   (millions de reichsmarks)
Intérieur.
Subsides pour les régions-frontières 25,0
Finances.
Construction de bâtiments à l'usage de l'administration et de logements pour les fonctionnaires 21,7
Achat de matériel 4,4
Armée.
Construction de casernes 9,4
Armes, artillerie, munitions et fortifications 22,1
Marine.
Construction de navires et armements 27,1
Dépenses sociales.
Contributions supplémentaires du Reich pour les assurances sociales 72,0
Subsides accordés aux fonctionnaires et aux fonctionnaires retraités 13,8
Communications.
Subventions à l'aviation 29,8
Dépenses pour voies navigables, canaux et ports 33,6
à reporter 258,9

Report....   258,9

Territoires occupés.
Subsides aux communes des territoires occupés 30,0

Secours aux chômeurs.
Coût des secours aux chômeurs 450,0

Charges intérieures résultant de la guerre.
Indemnités aux ressortissants allemands pour pertes subies du fait de la liquidation de leurs biens, etc. 60,0
Suppléments aux indemnités fournies par les Offices de compensation 10,0
Subventions aux fabriques de munitions 16,0

Investissements, prêts, etc.
Réserve pour risques de perte en raison de garanties données par le Reich.... 15,0
Construction de maisons d'habitation pour les fonctionnaires 10,0

Dépenses diverses 77,1

927,0

d. Opérations relatives à la dette publique. — Les prévisions du budget de l'Allemagne suivent une méthode malheureusement obscure dans l'exposé des opérations touchant le capital de la dette publique. Les postes des dépenses effectuées en vue de l'amortissement de la dette, par exemple, figurent sous plusieurs comptes différents et sans qu'il y ait parfois une distinction bien nette entre le capital et les intérêts. Cette difficulté se manifeste principalement dans le cas des payements au titre de la dette revalorisée. Les dépenses de ce chapitre se sont élevées à 240,8 millions de reichsmarks en 1926-27 et les prévisions pour 1927-28 à 356,8 millions, mais il n'est fait aucune distinction, soit dans un cas, soit dans l'autre, entre le capital et les intérêts. Il est, par conséquent, impossible à l'heure actuelle de faire ressortir la diminution totale de la dette qui a été opérée par les budgets des quatre exercices envisagés. Des dépenses d'un montant de 936,7 millions de reichsmarks ont été effectuées ou prévues pour l'amortissement des bons du Trésor des séries « E » et « K » et de divers emprunts or pendant la période en question, mais il faut en tout cas attendre, pour fixer définitivement le montant total de la réduction de la dette, que les chiffres relatifs à la dette revalorisée aient été éclaircis.

Il est également difficile de suivre dans les documents budgétaires les postes figurant au chapitre des recettes intitulé « produit d'emprunts ». Jusqu'à un certain point, ces postes semblent jouer le rôle de ressources portées en compte pour équilibrer le budget et ils prêtent particulièrement à confusion dans la mesure où ils font partie des postes reportés d'un exercice sur l'autre.

3. Analyse détaillée des tableaux relatifs au budget.

Le tableau comparatif figurant ci-dessus, page 34, montre, nécessairement sous une forme très dense, les recettes et les dépenses inscrites au budget du Reich. Il reste maintenant à donner une analyse détaillée des postes importants des catégories principales de recettes et de dépenses pendant la période de quatre années envisagée.

a. Recettes. Les recettes provenant des impôts constituent naturellement la ressource principale du budget allemand, bien que, comme il ressort des tableaux, il existe également d'importantes recettes administratives et diverses. Parmi cette dernière catégorie de recettes, le poste isolé le plus élevé a été les bénéfices de la frappe des monnaies, qui doivent être considérés comme une aubaine due à la frappe nécessaire de nouvelles pièces, après la stabilisation de la monnaie, et non comme une source permanente de revenus.

Les recettes de l'impôt pendant les quatre années envisagées offrent un champ d'études particulièrement intéressant, par suite des nombreuses modifications qui ont été apportées aux lois fiscales pendant cette période. L'exposé détaillé qui vient ci-après et les tableaux comparatifs établis pour les diverses recettes ont pour objet d'indiquer les effets produits par les diverses modifications et de faciliter une analyse complète du chapitre des recettes du budget de l'Allemagne.

Le graphique ci-dessous indique le rendement des revenus du Reich provenant de l'impôt et d'autres sources, pendant les quatre années.

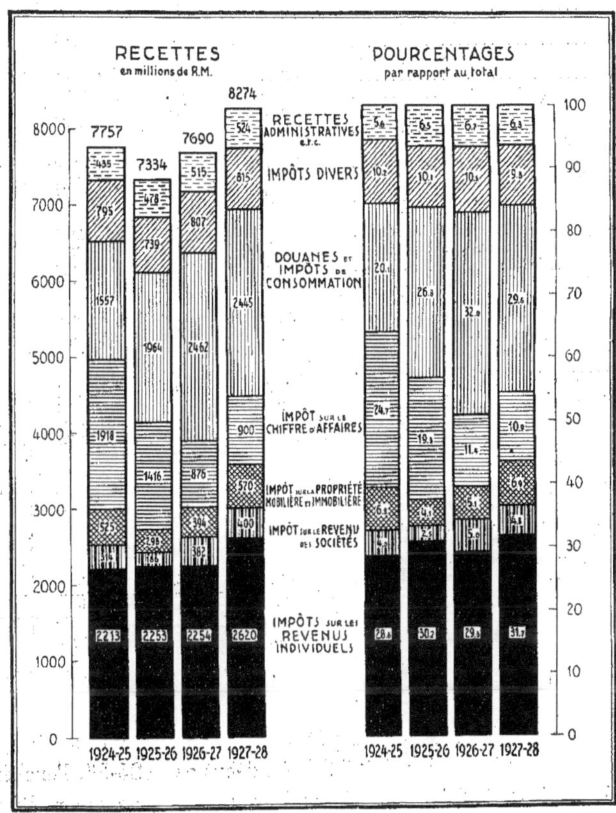

1) *Recettes provenant de l'impôt sur le revenu, sur les sociétés, sur le chiffre d'affaires, etc.* Les recettes de ce groupe prises dans leur ensemble ont accusé une diminution de 180 millions de reichsmarks en 1926-27 ; cette diminution est due presque entièrement à l'abaissement du taux des impôts et au relèvement de

l'exonération à la base. Le budget de 1927-28 prévoit une réaction contre cette tendance ; le total des prévisions de recettes de ce groupe inscrites au budget est de 5.305 millions de reichsmarks contre des encaissements effectifs d'environ 4.713 millions en 1926-27.

Le tableau suivant analyse dans le détail cette catégorie de recettes pour la période de quatre années :

RECETTES PROVENANT DE L'IMPÔT SUR LE REVENU, SUR LES SOCIÉTÉS, SUR LE CHIFFRE D'AFFAIRES, ETC. (en millions de reichsmarks)	1924—25 chiffres définitifs	1925—26 chiffres définitifs	1926—27 chiffres définitifs	1927—28 prévisions
IMPÔTS PERMANENTS				
Impôt sur le revenu :				
traitements et salaires (montant prélevé à la source)	1.331,6	1.367,8	1.094,8	1.200,0
intérêts et dividendes (montant prélevé à la source)	19,2	82,3	94,4	120,0
assiette générale (après les déductions ci-dessus)	862,5	803.2	1.064,5	1.300,0
Impôt sur le revenu des sociétés	313,9	186,6	381,9	400,0
Impôt sur la propriété immobilière et mobilière	498,9	270,4	359,5	470,0
Droits de succession	26,1	27,3	34,6	100,0
Impôt sur le chiffre d'affaires :				
ordinaire	1.798,5	1.338,3	865,0	900,0
extraordinaire (taxe de luxe)	119,3	77,7	10,8	—
Impôt sur les transactions foncières	29,1	30,7	28,1	25,0
Impôt sur le mouvement des capitaux :				
impôt sur la constitution des sociétés	39,1	40,1	58,3	54.0
impôt sur les valeurs	5,1	9,2	23,5	30,0
impôt sur les opérations de bourse	112,8	40,3	82,9	66,0
impôt sur les tantièmes	11,5	13,8	0,7	—
Impôt sur la fréquentation des bourses	2,9	—	—	—
Impôt sur les automobiles	51,6	58,4	105,2	130,0
Impôt sur les assurances	32,0	40,2	46,0	45,0
Impôt sur les paris aux courses et sur les loteries	49,3	65,8	66,2	70,0
Impôt sur les lettres de change	69,6	62,6	36,4	45,0
Impôt sur les transports	312,6	318,3	312,0	325,0
TOTAL	5.685,6	4.833,0	4.664,8	5.280,0
IMPOTS EXCEPTIONNELS				
Impôts prélevés en conséquence de l'occupation de la Rhénanie et du Bassin de la Ruhr	34,8	12,9	3,0	—
Impôt sur les sociétés industrielles concernant les obligations en marks-papier émises par elles et présentement revalorisées (Obligationensteuer)	44,2	46,8	45,1	25,0
TOTAL	79,0	59,7	48,1	25,0
TOTAL général	5.764,6	4.892,7	4.712,9	5.305,0

On remarquera que la partie de l'impôt sur les traitements et salaires, qui est prélevée à la source, a diminué en 1926-27. Au début de 1925-26, l'exonération à la base a été relevée de 720 à 960 reichsmarks par an et elle a encore été portée à 1.200 reichsmarks le 1er janvier 1926. Dans les deux cas, les allocations pour charges de famille ont été augmentées de montants correspondants. Par suite de ces réductions successives d'une part, et à cause sans doute du chômage d'autre part, le rendement de cette partie de l'impôt sur le revenu a diminué sensiblement et est tombé à un total de 1.094,8 millions de reichsmarks. On prévoit, cependant, une augmentation de plus de 100 millions dans le rendement de 1927-28, ce qui porte les évaluations à 1.200 millions, maximum autorisé par la loi actuelle. Si ce maximum est dépassé, la loi envisage un nouveau relèvement par voie législative de l'exonération à la base. L'augmentation de 260 millions en 1926-27 et la nouvelle augmentation de 236 millions en 1927-28, pour la partie de l'impôt sur le revenu individuel recouvrée par voie d'assiette générale, traduit l'amélioration générale de la situation économique.

La diminution du rendement de l'impôt sur le chiffre d'affaires en 1926-27 était due au nouvel abaissement du taux de l'impôt à 0,75% à partir du 1er avril 1926. Pendant les premiers six mois de 1924-25, le taux avait atteint le chiffre de 2'/2%. Depuis cette date, il a été ramené à son niveau actuel par quatre étapes successives. On prévoit une augmentation du rendement de cet impôt pour 1927-28, par suite de l'accroissement en volume du chiffre des affaires.

Pour ce qui est de l'impôt sur la propriété immobilière et mobilière, le rendement de l'année a augmenté, bien que les taux appliqués à la petite propriété aient été sensiblement réduits au début de 1926-27, et l'on escompte une nouvelle augmentation de plus de 100 millions en 1927-28. Un changement également intéressant est l'augmentation progressive des recettes afférentes à l'impôt sur les automobiles en 1926-27, comme en 1927-28. On prévoit aussi une augmentation de 65 millions sur les droits de succession en 1927-28 par suite des méthodes plus efficaces employées pour asseoir cet impôt et par suite de l'encaissement d'arriérés importants.

2) *Recettes provenant des droits de douane et des impôts de consommation, etc.* En 1926-27, le total des recettes provenant de cette catégorie d'impôts a augmenté d'environ 498 millions de reichsmarks, ce qui a porté ce total à 2.462,1 millions. Tous les revenus gagés, sauf la bière, ont accusé des augmentations importantes ; leur total est passé de 1.851,3 millions de reichsmarks en 1925-26 à 2.405,8 millions en 1926-27, soit une augmentation de plus de 554 millions pour cette seule catégorie. Les autres recettes de ce groupe provenant principalement d'impôts sur divers articles de consommation, ont subi une diminution d'environ 50%, surtout à cause de la suppression au début de l'année fiscale des impôts sur le sel et sur les vins non mousseux.

L'accroissement le plus important s'est manifesté dans les recettes des douanes, qui ont augmenté de 350 millions de reichsmarks; cette augmentation est due, en partie, au volume important des importations et, en partie, au relèvement, depuis le 1er août 1926, des droits sur les céréales, mesure prise en vue de protéger les intérêts agricoles.

Pour 1927-28, les recettes totales afférentes à l'ensemble de cette catégorie d'impôts sont évaluées à un chiffre inférieur de 17,1 millions à celui de 1926-27, surtout par suite d'une diminution estimée à 50 millions des recettes de douane. Le seul revenu accusant une augmentation sensible est l'impôt sur la bière, dont le taux a été relevé d'un tiers le 1er janvier 1927.

Le tableau suivant donne le détail des chiffres des recettes provenant de ces impôts pour la période de quatre années envisagée :

DROITS DE DOUANE ET IMPÔTS DE CONSOMMATION, ETC. (en millions de reichsmarks)	1924—25 chiffres définitifs	1925—26 chiffres définitifs	1926—27 chiffres définitifs	1927—28 prévisions
Revenus gagés :				
Douanes	356,6	590,5	940,3	890,0
Impôt sur le tabac	513,7	615,5	712,4	700,0
Impôt sur la bière	196,5	256,0	240,8	335,0
Impôt sur le sucre	219,2	236,2	285,1	275,0
Monopole de l'alcool	141,4	153,1	227,2	210,0
TOTAL	1.427,4	1.851,3	2.405,8	2.410,0
Autres revenus :				
Impôt sur les vins	94,1	80,1	24,1	8,0
Impôt sur l'acide acétique	2,2	2,2	2,2	2,0
Impôt sur le sel	5,2	6,9	1,4	—
Impôt sur les allumettes	10,0	9,7	13,6	11,4
Impôt sur les appareils d'éclairage	7,1	7,5	9,3	8,0
Impôt sur les cartes à jouer	1,4	1,5	2,1	2,0
Droits de statistique	1,8	2,6	2.9	3,0
Monopole des produits édulcorants	1,2	0,8	0,5	0,6
Impôt destiné à assurer la fourniture du pain à bon marché	6,7	1,0	0,2	—
TOTAL	129,7	112,3	56,3	35,0
TOTAL général	1.557,1	1.963,6	2.462,1	2.445,0

3) *Recettes administratives et recettes diverses.* L'augmentation des recettes provenant des entreprises et des investissements de l'Etat en 1926-27 est due principalement à l'excédent de 12,1 millions de reichsmarks de l'Administration des Postes, à une augmentation de 16,4 millions des remboursements de prêts consentis pour l'assistance productive et à un excédent particulier de 85,5 millions de l'Office des céréales du Reich. Ce dernier organe est maintenant liquidé ; le Reich a avancé 60 millions de cet excédent pour encourager la production agricole et il a placé à nouveau le solde de 25,5 millions dans une société semi-officielle pour le commerce de céréales, connue sous le nom de Getreidehandelsgesellschaft. Pour 1927-28, les prévisions budgétaires annoncent un excédent de l'Administration des Postes, estimé à 70 millions de reichsmarks. On s'attend également à ce que des remboursements très importants de prêts consentis pour venir en aide aux chômeurs s'effectuent. Le chiffre plus élevé porté aux prévisions de 1927-28 pour les dividendes des actions de préférence de la Compagnie des Chemins de Fer allemands traduit l'augmentation du portefeuille de ces actions détenu par le Reich, tandis que les intérêts des fonds des services publics cessent de figurer aux prévisions par suite de la réduction des fonds en excédent et par suite de la pratique récemment adoptée qui consiste à faire balancer l'intérêt reçu et l'intérêt versé.

Le total des recettes provenant de redevances, licences, amendes, etc. accuse une augmentation de 2,5 millions en 1926-27, mais il est prévu pour 1927-28 une diminution estimée à 59,5 millions.

Les bénéfices de la frappe des monnaies en 1926-27 avaient été primitivement estimés à 294 millions de reichsmarks, mais les recettes effectives dérivées de cette source pendant l'exercice n'ont été en réalité que de 149,1 millions. Cette diminution provient sans aucun doute du fait que les pièces divisionnaires tendent à devenir surabondantes. Le Gouvernement s'engage actuellement dans un programme de frappe de nouvelles monnaies ; on prévoit d'abord le remplacement des coupures de 5 marks de la Rentenbank actuellement en circulation par des pièces d'argent de 5 marks et, en second lieu, la substitution de pièces de 50 pfennigs en nickel aux pièces de bronze actuelles qui se sont révélées comme non pratiques, par suite du grand nombre de contrefaçons qui en ont été faites. Il reste à savoir dans quelle mesure il sera nécessaire de frapper de nouvelles pièces de ces catégories pour faire face à la demande de la circulation, mais le Gouvernement prévoit, sur la base de son programme actuel, que les recettes provenant de la frappe des monnaies pour l'exercice 1927-28 atteindront un montant de 190 millions de reichsmarks.

Le tableau suivant indique en détail les recettes administratives et les recettes diverses :

RECETTES ADMINISTRATIVES ET RECETTES DIVERSES (en millions de reichsmarks)	1924—25 chiffres définitifs	1925—26 chiffres définitifs	1926—27 chiffres provisoires	1927—28 prévisions
Produit des entreprises et des investissements de l'État :				(montant non determiné)
Part du Reich dans les bénéfices de la Reichsbank ...	55,6	12,2	4,2	
Excédent de l'Administration des Postes allemandes..	—	—	12,1	70,0
Excédent de l'Office des céréales du Reich..........	—	2,7	85,5	—
Amortissement et service de l'intérêt de :				
dette de l'Administration des Postes du Reich.....	60,4	—	—	—
fonds d'État	—	46,6	34,9	—
crédits accordés pour l'assistance producti é, crédits accordés pour constructions, etc.	20,4	4,9	21,3	68,1
Dividendes des actions de préférence de la Compagnie des Chemins de fer allemands	—	—	3,0	51,1
Divers	10,7	10,8	14,8	14,3
TOTAL....	147,1	77,2	175,8	203,5
Redevances, licences, amendes et autres recettes administratives :				
Redevances et amendes perçues par l'Administration des Finances, les Tribunaux du Reich, etc.	38,4	45,0	36,5	31,5
Droits d'usage des canaux, etc.	26,0	25,9	31,9	24,5
Brevets d'inventions	14,6	13,7	11.9	11,8
Remboursement des dépenses administratives et recettes diverses du Ministère des Finances	51,2	36,8	59,5	39,3
Divers	58,0	65,9	50,0	23,2
TOTAL....	188,2	187,3	189,8	130,3
Bénéfices de la frappe des monnaies	99,9	213,6	149,1	190,0
TOTAL GÉNÉRAL....	435,2	478,1	514,7	523,8

b. *Dépenses.* — Les budgets du Reich pendant les quatre exercices envisagés ont été caractérisés par une augmentation continue des dépenses. Les prévisions budgétaires pour 1927-28 comportent un total de dépenses de 9.130,2 millions de reichsmarks, contre 7.220,2 millions en 1924-25, soit une augmentation de plus de 1.900 millions, et le Ministre des Finances du Reich a déjà annoncé qu'il serait nécessaire de recourir à des crédits supplémentaires.

Le tableau-résumé figurant ci-dessous indique les augmentations, libellées en millions de reichsmarks, que les chapitres principaux de dépenses ont subies au cours de la période de quatre années envisagée.

	1924-25 chiffres définitifs]	1925-26 chiffres définitifs	1926-27 chiffres provisoires	1927-28 évaluations
Reversements aux États et aux communes	2.770,4	2.595,6	2.625,6	2.892,9
Dépenses générales d'administration	1.660,3	1.967,4	2.323,1	2.439,7
Exécution du Plan des Experts	—	291,3	537,0	831,2
Secours aux chômeurs	35,8	163,6	392,3	580,1
Pensions de guerre et pensions civiles	1.066,8	1.428,7	1.462,3	1.474,8
Payements au titre de la dette revalorisée	—	1,1	240,8	356,8
Investissements, prêts, etc.	111,6	390,9	473,6	235,9
TOTAL	5.644,9	6.838,6	8.054,7	8.811,4

Le seul chapitre important des dépenses accusant une diminution sensible pendant cette période est celui des charges intérieures résultant de la guerre, qui a constamment diminué ; il a passé en effet d'un total de 1.136,7 millions de reichsmarks en 1924-25 à 352,6 millions en 1925-26, à 304,7 millions en 1926-27 et à 177,3 millions en 1927-28.

Nous examinons ci-après plus en détail un certain nombre des catégories principales de dépenses. Cette analyse montre les postes particuliers où les augmentations se sont produites.

1) *Reversements aux États et aux communes.* — Le poste de beaucoup le plus important parmi les dépenses portées au budget du Reich est celui des reversements aux États et aux communes. Ces reversements se font principalement sous forme de transferts de recettes perçues par le Reich en premier lieu, mais ils comprennent également des subsides supplémentaires accordés par le Reich aux États et aux communes à divers autres titres.

Les reversements aux États et aux communes pendant les quatre années sont les suivants :

1924-25 (chiffre définitifs) .... 2.770,4 millions de reichsmarks, soit 35,7% des recettes totales du Reich.

1925-26 (chiffres définitifs) .... 2.595,6 millions de reichsmarks, soit 35,4% des recettes totales du Reich.

1926-27 (chiffres provisoires) .... 2.625,6 millions de reichsmarks, soit 34,1 % des recettes totales du Reich.

1927-28 (prévisions) .... 2.892,9 millions de reichsmarks, soit 35 % des recettes totales du Reich.

Ces chiffres ne comprennent pas les sommes versées par le Reich aux États et aux communes pour des fins spéciales comme, par exemple, les payements aux États pour les frais de police. On estime que ces payements s'élèveront en 1927-28 à environ 190 millions de reichsmarks ; des payements d'un montant à peu près égal ont été effectués pendant les années précédentes.

On observera que les prévisions de transferts de recettes aux États et aux communes accusent une augmentation sensible en 1927-28, par rapport aux reversements analogues des années précédentes. Cette augmentation résulte des dispositions de la nouvelle loi du 9 avril 1927 qui établit un nouveau règlement provisoire entre le Reich d'une part, les États et les communes de l'autre, pour les exercices 1927-28 et 1928-29. D'après cette loi, les États continuent de recevoir du Reich 75 % de l'impôt sur le revenu et de l'impôt sur les sociétés et 30 % des recettes afférentes à l'impôt sur le chiffre d'affaires, tandis que le Reich garantit aux États et aux communes, pour chacune des deux années, un payement minimum de 2.600 millions de reichsmarks sur le rendement de ces trois impôts. La nouvelle loi maintient la disposition d'après laquelle des transferts spéciaux à certains petits États sont effectués pour assurer la participation minima qui leur a été garantie dans les impôts sur le revenu et sur les sociétés. En outre, cette loi prévoit des reversements spéciaux à certains États sur le rendement de l'impôt sur la bière, jusqu'à concurrence d'un maximum de 70,7 millions de reichsmarks pour 1927-28. Comme la loi précédente, la nouvelle législation accorde également aux États et aux communes 96 % de l'impôt sur les transactions foncières, de l'impôt sur les automobiles et de l'impôt sur les paris aux courses et 50 % d'une partie de l'impôt sur la constitution de sociétés.

La loi précédente relative au règlement financier a été votée le 10 août 1925 et, comme nous l'avons indiqué dans nos Rapports antérieurs, elle avait pour objet de préparer la voie à un règlement définitif. Cette loi contenait la garantie donnée par le Reich aux États et aux communes que leur part des impôts sur le revenu, sur les sociétés et sur le chiffre d'affaires ne serait pas inférieure à 2.100 millions de reichsmarks; le Reich garantissait en outre que les États et les communes ne recevraient pas moins de 450 millions de reichsmarks au titre de leur part de l'impôt sur le chiffre d'affaires à lui seul. On a procédé ultérieurement à des réductions successives du taux de l'impôt sur le chiffre d'affaires et, en conséquence, le

Reich a dû en 1926-27 indemniser les États et les communes jusqu'à concurrence de 187 millions de reichsmarks, en exécution de la garantie spéciale qu'il leur avait accordée. Cette garantie spéciale, relative au rendement de l'impôt sur le chiffre d'affaires, a cessé de fonctionner, d'après ses termes mêmes, le 31 mars 1927. Tout naturellement, elle n'a pas été reproduite dans la nouvelle loi.

Le Ministre des Finances a fait ressortir que le nouveau règlement provisoire comprenait un arrangement avec les États et les communes, d'après lequel, étant donné l'augmentation de la garantie accordée par le Reich, ces autorités devraient réduire leurs impôts sur la propriété foncière et sur les professions commerciales. Le Ministre a également déclaré qu'il serait nécessaire, avant d'élaborer un règlement définitif, non seulement de voter une loi générale qui définirait les principes à observer par les diverses autorités fiscales dans l'établissement de l'assiette et dans la fixation des taux de l'impôt sur la propriété foncière, les loyers et le commerce, mais qu'il faudrait également disposer des statistiques financières qui ont été demandées aux États et aux communes par le décret du 9 février 1926.

2) *Dépenses générales d'administration.* — Les dépenses effectuées pour l'administration générale du Reich ont constamment augmenté d'année en année et sont portées au budget actuel pour 2.439,7 millions de reichsmarks, contre 1.660,3 millions dans le budget d'il y a quatre ans, soit une augmentation de 779,4 millions de reichsmarks. Environ les trois quarts de cette augmentation, soit 655 millions, sont imputables aux quatre rubriques principales ci-dessous :

	1924—25 chiffres définitifs	1925—26 chiffres définitifs	1926—27 éva-luations	1927—28 éva-luations
Armée et Marine	458,6	587,7	674,6	701,1
Ministère des Finances	345,4	394,6	430,2	439,5
Dépenses sociales	272,6	401,3	435,3	531,2
Communications	98,4	109,0	154,0	158,2
TOTAL	1.175,0	1.492,6	1.694,1	1.830,0

L'augmentation de 242 millions pour les dépenses de l'Armée et de la Marine pendant la période de quatre années se répartit presque également entre les deux services. Pour ce qui est de l'Armée, les postes les plus importants de l'augmentation de 121 millions sont : 50 millions pour la solde, la subsistance et le casernement et 35 millions pour les munitions et le matériel.

Pour ce qui est de la Marine, les postes les plus importants de l'augmentation de 121 millions sont : 70 millions pour la construction de navires et les armements casernement et 35 millions pour les munitions et le matériel.

Les dépenses diverses pour 1927-28 comprennent un nouveau poste de 60 millions pour augmentation de l'indemnité de logement qui est principalement absorbée par l'Armée, la Marine et le Ministère des Finances.

L'augmentation de 259 millions pour les dépenses sociales provient surtout de relèvements, effectués successivement par la loi, des montants versés par le Reich pour les allocations d'incapacité et de vieillesse et pour les pensions des veuves et des orphelins.

L'augmentation de 60 millions pour les dépenses afférentes aux communications est consacrée à l'entretien et à l'amélioration des canaux et des voies navigables et à l'encouragement des transports aériens.

Ci-dessous figure le détail des chiffres des divers chapitres des dépenses :

DÉPENSES GÉNÉRALES D'ADMINISTRATION (en millions de reichsmarks)	1924-25 chiffres définitifs	1925-26 chiffres définitifs	1926-27 prévisions[1])	1927-28 prévisions
Président et Parlement, etc..............	5,9	9,9	7,9	10,7
Affaires Etrangères ..:..................	38,8	46,8	54,2	55,8
Intérieur:				
Frais de police (versés aux Etats)	187,1	189,3	210,0	190,0
Autres dépenses ....:.........	12,3	16,7	65,3	41,1
Finances:				
Perception des impôts	328,6	378,3	412,7	418,3
Administration centrale, Cour des Comptes et divers	16,8	16,3	17,5	21,2
Dette publique:				
Administration	5,3	11,6	35,4	10,6
Service de l'intérêt.....................	12,2	8,5	14,6	47,9
Armée et Marine:				
Armée................................	359,0	438,7	476,4	480,3
Marine	99,6	149,0	198,2	220,8
Dépenses sociales	272,6	401,3	435,3	531,2
Communications........................	98,4	109,0	154,0	158,2
Commerce, Industrie, Agriculture...........	21,2	40,0	43,4	39,0
Instruction publique, etc.................	11,8	23,5	21,0	29,1
Justice	3,8	4,1	4,6	4,4
Territoires occupés, dépenses résultant de la guerre et de l'occupation. Offices de compensation, etc............................	153,6	25,4	42,2	64,9
Dépenses diverses........................	33,3	99,0	74,6	116,2
Total....	1.660,3	1.967,4	2.267,3[1])	2.439,7

[1]) Les chiffres provisoires actuellement publiés pour 1926-27 indiquent un *total* de 2.323,1 millions de reichsmarks pour les dépenses d'administration générale. On ne sait pas encore la répartition de cette somme entre les divers chapitres et, en conséquence, les chiffres figurant dans cette colonne ont dû se fonder sur les prévisions budgétaires.

3) *Secours aux chômeurs.* Le chômage étendu qui commença à se faire sentir vers la fin de 1925 a nécessité des dépenses exceptionnelles considérables, non seulement pour le Reich, mais encore pour les États et les communes. Les chiffres des dépenses effectuées de ce chef par le Reich sont les suivants:

1924-25 (chiffres définitifs) .... 35,8 millions de reichsmarks
1925-26 (chiffres définitifs) .... 163,6 » » »
1926-27 (chiffres provisoires) .... 392,3 » » »
1927-28 (prévisions) .... 580,1 » » »

Depuis le début de l'exercice 1927-28, il s'est produit une diminution sensible du nombre des chômeurs secourus. Il devrait en résulter une économie importante par rapport aux prévisions budgétaires pour l'exercice, mais il est encore prématuré de formuler aucune prévision ferme à ce sujet.

Outre les dépenses directement affectées aux secours aux chômeurs, le Gouvernement du Reich a dû, afin de leur procurer du travail, consentir des prêts et des avances d'un montant important pour encourager le creusement de canaux, la construction de maisons d'habitation, l'exploitation agricole des districts à faible population, l'extension et l'amélioration des lignes et des services de chemins de fer. Ces dépenses atteignaient, au total, 260 millions de reichsmarks en 1926-27, et de nouveau 100 millions ont été inscrits à cette fin dans le budget de 1927-28. Les prêts et avances qui en résultent sont classés sous la rubrique « Investissements, prêts, etc. » et feront plus loin l'objet d'un commentaire.

Par suite de la lourde charge que les secours aux chômeurs imposent au Reich, aux États et aux communes, on a élaboré et déposé au Reichstag un système complet d'assurance contre le chômage. On avait espéré tout d'abord que ce projet de loi serait voté le 1ᵉʳ avril 1927 au plus tard, et, fort de cette espérance, le Reich s'était engagé à relever presque entièrement les États et les communes, dès le 1ᵉʳ avril 1927, de leur obligation de contribuer aux secours de chômage. Depuis, on a pu constater que cette attente était trop optimiste, mais on espère actuellement que la nouvelle loi pourra entrer en vigueur pour le 1ᵉʳ octobre 1927.

. En vertu du nouveau système, ce seront les patrons et les salariés qui feront les frais de l'assurance contre le chômage, au moyen de contributions régulières aux caisses locales gérées par les États et les communes. Le Reich s'engage à consentir à ces caisses, chaque fois que les fonds seront insuffisants, les avances dont elles pourront avoir besoin. Les États et les communes sont exemptés, en vertu du nouveau système, de toute contribution en ce qui concerne les secours ordinaires aux chômeurs. Cependant, pour ce qui est des secours de chômage exceptionnels, qui sont accordés à ceux qui ont touché les secours ordinaires pendant la période maxima autorisée par la loi, les communes doivent fournir un quart, et le Reich trois quarts des fonds.

Selon les arrangements provisoires en vigueur jusqu'au 1ᵉʳ avril 1927, les secours de chômage dépassant les montants versés par les patrons et les salariés étaient répartis entre le Reich, les États et les communes dans les proportions suivantes : ⁴/₆ revenaient au Reich, ¹/₆ aux États et ¹/₆ aux communes. Le Ministère des Finances du Reich a évalué que, sur cette base, les États et les communes ont été tenus de verser environ 400 millions de reichsmarks en secours de chômage pendant l'exercice 1926-27. Le Reich les a presque exonérés de toute responsabilité pour les secours aux chômeurs à partir du 1ᵉʳ avril 1927, avant même le vote de la nouvelle loi. De plus, on remarquera que le Reich, aux termes du projet de loi, assume en fait la responsabilité financière pour les périodes de chômage étendu, puisque le nouveau système n'a pas la prétention d'exiger des patrons et des salariés des contributions permettant l'octroi de secours pour plus de 700.000 chômeurs. Ce nouveau système diffère cependant de l'ancien sur un point important : en effet, les montants versés actuellement à titre de secours directs ne sont pas recouvrables, tandis que, d'après la nouvelle loi, les contributions du Reich se feront sous forme d'avances aux caisses locales de chômage. Ces caisses devront rembourser le Reich dès que leurs ressources le leur permettront.

Il faudra que le nombre des chômeurs descende bien au-dessous des chiffres actuels pour que le nouveau système d'assurance contre le chômage puisse fonctionner à l'aide de ses ressources propres et il semble probable, par conséquent, que, même avec la perspective de la nouvelle loi, la question des secours de chômage restera pendant quelque temps encore un sérieux problème budgétaire. Nous reviendrons dans le chapitre relatif à la situation économique de l'Allemagne sur les aspects non budgétaires de ce problème.

4) *Payements au titre de la dette revalorisée.* Les comptes de 1926-27 ont été les premiers à inscrire des versements importants au titre de la dette revalorisée du Reich, libellée en marks-papier. Un poste de 240,8 millions de reichsmarks a été inscrit à cette fin en 1926-27 et un nouveau montant de 356,8 millions est prévu à la même fin en 1927-28. Les opérations de revalorisation de la dette ne seront pas terminées avant quelques mois, mais on estime que le poste de 356,8 millions inscrit au budget de 1927-28 dépasse légèrement la somme qui devra être affectée à cette fin dans les exercices ultérieurs ; cela provient de ce que l'on a tenu compte dans le présent exercice de versements qui auraient dû être effectués l'année précédente, mais qui ont dû être ajournés par suite de retards dans l'œuvre de revalorisation. La répartition de ce poste entre capital et intérêts ne peut pas encore être déterminée.

On remarquera que, d'après les chiffres précédents, les versements au titre de la revalorisation de la dette libellée en marks-papier atteignent maintenant des sommes importantes et imposent une charge relativement lourde aux budgets actuels du Reich. Bien entendu, les obligations de réparations du Reich passent sans l'ombre d'un doute avant tous ces payements.

5) *Investissements, prêts, etc.* Le dernier Rapport attirait l'attention sur la liaison étroite qui existe entre les dispositions relatives à l'assistance aux chômeurs, dite assistance productive, et l'accroissement des investissements du Reich et des diverses catégories de subsides consentis par lui. En 1926-27, les décaissements de cette nature avaient atteint un total de 473,6 millions de reichsmarks, sur lesquels 260 millions environ étaient directement imputables au programme relatif à l'assistance aux chômeurs. En ce qui concerne 1927-28, le crédit a été ramené à 235.9 millions, dont 100 millions pour l'assistance productive aux chômeurs.

Le tableau suivant est utile, non seulement parce qu'il donne un résumé des dépenses encourues par le Reich pour ces divers chapitres, mais encore parce qu'il enregistre les ressources en capital dont a bénéficié le Reich, à la suite de ses dépenses. Quelques-uns des placements auxquels ont servi ces dépenses se révéleront, sans aucun doute, comme d'une valeur contestable et d'autres peuvent être représentés, pour le moment, par des garanties plus ou moins liquides. Mais il n'en reste pas moins un reliquat important de ressources précieuses que le Reich pourra réaliser de temps à autre. A ce sujet, il faut mentionner que le tableau ne comprend pas les 500 millions de marks-or d'actions de préférence de la Compagnie des Chemins de fer allemands que le Gouvernement du Reich a reçus au cours de la seconde année d'application du Plan, en exécution du droit accordé par le Plan au Gouvernement allemand de recevoir le produit de la vente des premières actions de ce genre qui viendraient à être vendues au public, jusqu'à concurrence de 500 millions de marks-or. Cette transaction n'a jamais figuré dans le budget du Reich et c'est pourquoi le tableau ci-dessous n'en a pas tenu compte. Mais les 500 millions de marks-or d'actions de préférence ainsi reçus n'en doivent pas moins être placés au premier rang des valeurs réalisables que possède le Gouvernement du Reich.

Le tableau ci-dessous indique le détail des dépenses du Reich consacrées aux investissements, aux prêts, etc. pendant les quatre années envisagées :

DÉPENSES POUR INVESTISSEMENTS, PRÊTS, AVANCES, ETC. (en millions de reichsmarks)	1924-25 chiffres définitifs	1925-26 chiffres définitifs	1926-27 chiffres provisoires	1927-28 pré- visions
INVESTISSEMENTS :				
Acquisition de parts :				
de la Compagnie du Neckar, de la Compagnie Rhin-Mein-Danube et de compagnies de transport par automobiles	19,0	15,5	12,0	10,4
de la Getreidehandelsgesellschaft (Société pour le commerce de céréales)	—	—	25,5	—
Achats d'actions de préférence de la Compagnie des Chemins de fer allemands d'un montant nominal total de 231 millions de reichsmarks sous forme d'une conversion d'emprunts de la Compagnie	—	220,0	—	—
Achat d'obligations hypothécaires de trois banques allemandes de crédit à la navigation en vue de financer le développement de la navigation intérieure	—	—	3,0	1,5
PRÊTS :				
Pour la construction de maisons d'habitation et de colonies agricoles	14,6	17,0	7,4	15,0
A la Compagnie des Chemins de fer allemands :				
pour l'exécution du programme de travaux convenus et pour achats en vue de combattre le chômage et de stimuler les transactions commerciales	—	—	80,0	—
pour la continuation des travaux de nouvelles lignes de chemins de fer	—	—	11,2	30,0
Pour l'encouragement de la production agricole	—	—	60,0	—
Pour soutenir l'industrie du fer de Haute-Silésie	—	—	18,0	—
A d'autres industries	—	34,5	—	0,2
AVANCES :				
Pour l'encouragement à l'exploitation agricole des districts à faible population	—	—	27,0	50,0
Pour la construction de maisons et de colonies agricoles dans les territoires occupés (y compris des prêts)	—	—	—	21,0
Aux Etats pour hypothèques sur petites maisons d'habitation	—	—	138,0	—
Aux viticulteurs — secours immédiat	—	—	15.0	—
DÉPENSES PRODUCTIVES :				
Construction de voies navigables	34,8	41,7	50,5	65,2
Imprimerie du Reich	11,0	—	—	—
Construction de logements pour les fonctionnaires	—	3,5	7,3	10,0
CRÉDITS CONSENTIS :				
Aux Deutsche Werke, Vereinigte Industrie-Unternehmungen A. G. etc.	16,2	19,9	2,1	2,5
Aux compagnies d'aviation et de transport par automobiles (y compris les prêts)	—	38,4	15,7	9,6
A diverses entreprises	16,0	0,4	0,9	5,5
RÉSERVES :				
Pour risques de perte en raison de garanties données par le Reich	—	—	—	15,0
TOTAL	111,6	390,9	473,6	235,9

Ce tableau ne comprend pas non plus les versements effectués au titre du fonds de réserve de 100 millions de marks-or qui doit être constitué conformément au Titre III, article 4 b du Protocole de Contrôle, en tant que garantie supplémentaire pour les contributions budgétaires versées en vertu du Plan des Experts. Un montant de 12,8 millions a été réservé à cette fin en 1926-27 et une nouvelle somme de 67,5 millions est prévue par le budget de 1927-28.

4. *Observations sur le budget du Reich.*

Les pages précédentes passent en revue les budgets du Reich pour les quatre exercices écoulés depuis la stabilisation et, à leur propos, nous avons essayé de donner une analyse détaillée des recettes ainsi que des dépenses. Il nous reste à formuler un certain nombre d'observations générales qui découlent de ces études comparatives et de souligner particulièrement quelques tendances qui paraissent comporter des dangers pour l'avenir.

a. *Observations générales.* — Le caractère le plus frappant des budgets du Reich est la hausse constante du niveau des dépenses. Endiguer le flot montant des dépenses du Gouvernement est devenu en fait un grave problème et il exige qu'on le suive très attentivement, non seulement du point de vue du Plan des Experts, mais encore dans l'intérêt de l'économie allemande dans son ensemble. Toutefois, il est clair que l'équilibre essentiel du budget allemand demeure intact, et il semble bien que les problèmes soulevés par le budget ne résisteraient pas longtemps à une saine politique financière.

Si le Gouvernement allemand veut prendre les précautions normales qui sont nécessaires dans son propre intérêt pour sauvegarder le budget, il n'y a pas de raison de croire, d'après l'évolution du problème jusqu'à présent, qu'il rencontrera de difficultés sérieuses à maintenir l'équilibre indispensable entre les recettes et les dépenses, y compris naturellement les payements effectués en vertu du Plan des Experts. A ce propos, il faudra sans doute que l'on oppose à l'inscription de nouvelles dépenses une résistance plus forte que cela n'a été le cas pendant ces dernières années. Mais les documents budgétaires eux-mêmes indiquent qu'il se présente beaucoup d'occasions de réaliser des économies et on doit admettre que le Gouvernement allemand tirera le meilleur parti possible de ces occasions dans l'intérêt même de l'économie allemande. Il pourrait être obligé, s'il négligeait de mettre un frein à certaines des récentes tendances, de chercher de nouvelles ressources fiscales pour couvrir les dépenses qui en résulteraient, mais tant que le budget se maintient en équilibre et que les charges extérieures sont satisfaites, cette éventualité ne soulèverait guère qu'un problème intérieur de la répartition des richesses ; cette question reviendrait à choisir entre une augmentation des dépenses du Gouvernement, d'une part, et une diminution des impôts, de l'autre.

Le problème du budget de l'Allemagne, réduit à sa plus simple expression, est le problème qui s'est déjà souvent posé de maintenir les dépenses dans les limites des recettes. Le seul moyen pour atteindre ce résultat, à moins que le Gouvernement désire imposer à l'économie une plus grande charge fiscale, est la réduction du chiffre des dépenses. Il est manifeste qu'on n'aboutit à rien de positif à la longue en divisant le budget en différentes catégories et en intitulant certaines dépenses: dépenses ordinaires, et certaines autres, extraordinaires. Ces classifications créent une confusion dans le budget et ont pour conséquence inévitable le déséquilibre budgétaire. Le seul moyen d'aborder convenablement le problème est de soumettre les dépenses à une révision approfondie et d'éliminer tous les postes qui ne sont pas jugés indispensables.

Passons maintenant à l'exercice 1927-28 en particulier. Il est naturellement impossible de se risquer à fournir aucun chiffre, car l'exercice ne compte pas encore trois mois et l'on ne dispose guère que de prévisions budgétaires. Cependant, on ne peut, à l'heure actuelle, juger sainement de la question sans tenir compte des indications suivantes. Les prévisions elles-mêmes assurent une importante marge de sécurité et si la situation des affaires continue à être suffisamment favorable, on devrait réaliser des économies importantes pour ce qui est des dépenses effectives, tant pour les secours de chômage que pour les investissements, prêts, etc. Il y a, sans aucun doute, des occasions de réaliser des économies dans d'autres chapitres. En outre, comme le Ministre des Finances du Reich l'a fait récemment remarquer, la Trésorerie du Reich dispose de réserves importantes constituées par son portefeuille d'actions de préférence de la Compagnie des Chemins de fer, par les prêts à court terme consentis par le Reich à cette compagnie et par d'autres prêts et crédits à l'industrie et à l'agriculture. Ces investissements et ces prêts ont tous été financés, d'une manière ou d'une autre, grâce aux budgets antérieurs et on peut sans aucun doute employer certains de ces placements pour redresser la situation de la Trésorerie, si le besoin de fonds supplémentaires vient à se faire sentir.

L'analyse du chapitre des recettes du budget du Reich a montré que ces recettes se maintiennent à un niveau satisfaisant et l'on espère qu'elles accuseront une augmentation importante pendant l'exercice 1927-28, par rapport aux rentrées de l'année précédente. Il ne faut pas perdre de vue que cette constatation vient après le nombre considérable de réductions de l'impôt qui ont été opérées au cours des dernières années. Ces réductions ont diminué le rendement de l'impôt sur le chiffre d'affaires à lui seul d'un milliard de reichsmarks; d'autres impôts ont été complètement supprimés et de nombreuses réductions ont été opérées dans les impôts sur le revenu et dans d'autres impôts. Le rendement total des recettes, malgré ces modifications, a constamment augmenté au cours des deux dernières années, ce qui a justifié en tous points les pronostics des Experts.

Ce n'est pas un manque de recettes, mais c'est l'accélération continue des dépenses qui menace de créer à l'avenir des difficultés budgétaires ; il importe à tous points de vue et il est temps d'y mettre un frein.

b. *Relations financières avec les États et les communes.* — Les reversements aux États et aux communes qui absorbent chaque année plus d'un tiers des recettes totales du Reich, ont déjà été étudiés dans la partie du présent chapitre relative à l'analyse détaillée des dépenses budgétaires. On a donné dans ce passage un résumé de la nouvelle loi du 9 avril 1927 qui établit un nouveau règlement provisoire entre le Reich, d'une part, les États et les communes, de l'autre, pour les exercices 1927-28 et 1928-29. Cette loi ajourne le règlement financier définitif pour une nouvelle période de deux ans et, même sans tenir compte d'aucun des chiffres impliqués, cette mesure soulève des questions de principe qui touchent aux fondements mêmes du budget de l'Allemagne.

Sans aucun doute, les relations financières entre le Reich d'une part, les États et les communes de l'autre, se compliquent beaucoup du fait des éléments historiques et politiques qui en forment l'arrière-plan. Cependant, du point de vue financier, la solution se ramène au problème de l'attribution des recettes à répartir entre le Reich d'une part, les États et les communes de l'autre. Il n'est donc pas hors de propos d'examiner la question du point de vue financier, surtout à cause du rapport étroit de ce problème avec le fonctionnement du Plan des Experts.

D'après la nouvelle loi, les États continuent à recevoir du Reich 75% de l'impôt sur le revenu et de l'impôt sur les sociétés et 30 % de l'impôt sur le chiffre d'affaires. En outre, le Reich garantit aux États que leur part dans l'ensemble de ces trois impôts s'élèvera à 2.600 millions de reichsmarks au minimum. De plus, les États reçoivent, comme auparavant, des pourcentages importants de divers impôts secondaires et d'autres reversements spéciaux. Les Rapports précédents ont sans cesse fait ressortir les objections fondamentales et de principe qui s'opposent à une prolongation du règlement financier sur cette base. Ces objections peuvent se résumer comme suit :

Tout d'abord, le Reich se prive *ipso facto*, en vertu de ce système, d'une large part de ses impôts principaux. L'impôt sur le revenu, l'impôt sur les sociétés et l'impôt sur le chiffre d'affaires sont trois des principales sources de ses recettes. Ce sont les impôts qui suivent de plus près l'évolution de l'économie allemande dans son ensemble et qui devraient servir le plus à faire face aux obligations du Reich. Il se peut que le Reich se trouve obligé, pour des raisons d'ordre historique ou pratique, de compléter les recettes des États et des communes au moyen d'un prélèvement sur ses propres ressources. Mais le règlement provisoire actuellement en vigueur, d'après lequel les États et les communes reçoivent des pourcentages fixes de certains impôts, avec garantie du Reich, ne saurait être considéré comme un arrangement ménageant les intérêts de ce dernier. D'après ce système, si l'Allemagne prospère et si les recettes provenant de ces impôts augmentent, le Reich ne conserve qu'une faible partie de cette augmentation.. Mais si, pour une raison quelconque, ces recettes venaient à faiblir, non seulement la part de ces impots revenant au Reich diminuerait, mais le Reich devrait également effectuer des prélèvements sur ses autres recettes afin de fournir la garantie qu'il a accordée. C'est ce qui s'est effectivement produit en 1926-27 et, sur la base des prévisions actuelles, ce fait se reproduira en 1927-28, quoique dans une moindre mesure. Ce système constitue une menace pour le budget du Reich qui court sans cesse le risque d'être amputé de toute façon ; le Gouvernement a absolument besoin d'une nouvelle réglementation lui permettant de rester maître de ses revenus les plus importants. A ce sujet, il ne faut pas oublier que, si le Reich est responsable au premier chef du payement des réparations, les États sont également assujettis à cette charge. L'article 248 du Traité de Versailles contient, entre autres, les stipulations suivantes:

> « Sous réserve des dérogations, qui pourraient être accordées par la Commission des Réparations, un privilège de premier rang est établi sur tous les biens et ressources de l'Empire et des États allemands, pour le règlement des réparations et autres charges résultant du présent Traité, ou de tous autres Traités et Conventions supplémentaires, ou des arrangements conclus entre l'Allemagne et les Puissances alliées et associées pendant l'Armistice et ses prolongations. »

Ces dispositions doivent naturellement entrer en ligne de compte, lorsqu'il s'agit d'un arrangement financier quel qu'il soit, entre le Reich et les États qui le constituent.

En second lieu, les reversements aux États et aux communes, aux termes du règlement financier actuel, sont effectués sans égard à l'état de leurs finances ni à leurs véritables besoins. En fait, une des raisons invoquées en faveur de la nouvelle loi a été que les statistiques financières demandées par la loi du 10 août 1925 n'avaient pas encore été fournies par les États et les communes, et que le Reich ne disposait donc pas, en ce qui concerne les nécessités financières de ces derniers, des informations indispensables à tout règlement définitif. De cette façon, le Reich s'est mis dans la situation de transférer aux États et aux communes des sommes de plus en plus importantes, sans avoir aucune connaissance de leurs besoins financiers, et alors que son propre budget accuse en même temps un excédent sensible des dépenses sur les recettes. Il semble qu'il y ait une importance vitale, du point de vue d'une saine pratique budgétaire, à exiger que les États et les communes prouvent clairement la nécessité de ces reversements, avant d'être autorisés à tirer des traites sur le Reich, jusqu'au point de provoquer un large déficit de son budget.

Les États et les communes exercent tant de fonctions d'ordre gouvernemental, leurs ressources dépendent aussi à un tel point des transferts de recettes du Reich que le manque d'informations à ce sujet laisse une lacune sérieuse dans toute étude portant sur le budget de l'Allemagne. On peut critiquer sévèrement, non seulement les États et les communes, mais encore le Reich lui-même, d'avoir laissé tant d'années s'écouler depuis la stabilisation sans avoir réussi à jeter plus de jour sur les finances des États et des communes. L'élaboration de statistiques financières de cette nature ne devrait pas, après tout, soulever de bien grosses difficultés et, lors du vote de la loi du 10 août 1925, on pouvait raisonnablement supposer que les États et les communes n'auraient pas de peine à fournir en temps voulu les renseignements réclamés. Étant donné le rapport évident qui existe entre ces informations et les demandes des États et des communes en vue de reversements de recettes, le Gouvernement du Reich aurait bien pu poser comme condition de tout nouvel arrangement financier avec eux, la remise des renseignements nécessaires. Mais il semble qu'on ait laissé tout le problème aller à la dérive ; le Reich a procédé à un nouveau règlement financier provisoire, qui donne des garanties plus fortes encore aux États et aux communes, sans connaître comme il convient leurs besoins financiers et tout le domaine des finances publiques des États et des communes demeure aussi obscur qu'auparavant. Les quelques chiffres dont on dispose jusqu'à présent se rapportent, en fait, aux recettes de 1925-26 et n'offrent guère qu'un intérêt rétrospectif.

En troisième lieu, tout le système actuel tend à confondre la responsabilité fiscale, du Reich d'une part, des États et des communes de l'autre. C'est, en général, un principe fiscal juste, que d'exiger que les recettes soient perçues par l'autorité qui effectue les dépenses. Cependant, d'après le système en vigueur en Allemagne, les États et les communes ont pour fonction de dépenser une grande partie des impôts que le Reich perçoit sous sa propre responsabilité. Cette pratique tend en elle-même à soustraire les États et les communes à l'obligation de faire des économies et de réduire les dépenses, obligation qu'elles sentiraient, si la responsabilité de percevoir les impôts indispensables leur incombait.

Le Rapport des Experts a lui-même discuté tout au long la question des relations financières entre le Reich, d'une part, les États et les communes, de l'autre. Il contient, entre autres, le passage suivant:

« Nous ne prétendons pas être en mesure de présenter des recommandations détaillées sur ce sujet; celui-ci est complexe et exige qu'il soit tenu compte de facteurs sociaux et politiques dont beaucoup ont des racines profondes dans les traditions du passé.

« En outre, si nos recommandations sont intégralement acceptées, on peut escompter avec une certaine confiance que le sentiment de son propre intérêt conduira le Gouvernement du Reich à conclure avec les États de prudents arrangements; il nous a déjà donné l'assurance que le régime des augmentations de subsides avait pris fin et ne serait pas rétabli.

« Il est clair toutefois qu'à brève échéance le Gouvernement allemand devra prendre des mesures pour établir les relations financières entre le Reich et ses éléments constitutifs sur les bases régulières qui évitent que ces éléments ne fassent continuellement appel aux ressources fédérales ; le trou qui existe actuellement dans le budget devra être bouché.

« Il ne suffit pas, à notre sens, que le Reich demeure dans un état de nonchalante satisfaction à l'égard de la situation actuelle pour le seul motif qu'elle est le résultat de l'évolution constitutionelle.

« C'est sous la forme d'une entité non divisée que l'Allemagne a fait la guerre, et il n'est pas possible que la responsabilité financière du Reich envers les Alliés se trouve limitée ou affaiblie par une attitude d'acquiescement passif au maintien intégral des droits des territoires subordonnés. Tant que l'Allemagne aura des obligations extérieures, celles-ci doivent primer tout ; les ressources à affecter normalement aux États et aux communes doivent être clairement définies, et l'on devra veiller à ce qu'elles n'excèdent pas les besoins légitimes.

« Si des ressources supplémentaires devaient être fournies par le Trésor fédéral, le montant devrait encore en être strictement proportionné aux nécessités dans chaque cas particulier, et l'octroi de ces ressources subordonné à un resserrement croissant de la surveillance centrale du Trésor fédéral sur les dépenses locales. »

Les Experts, en formulant ces conclusions, n'ont pas manqué de reconnaître les difficultés historiques inhérentes au problème, mais ils ont en même temps émis l'idée que « l'on s'est inspiré jusqu'à présent dans ce domaine d'un opportunisme purement politique ou administratif, plutôt que de principes financiers clairs ».

c. *Budget extraordinaire et programme d'emprunts.* — Le Rapport précédent faisait ressortir les dangers inhérents à l'emploi du budget extraordinaire et dessinait la courbe rapide de son développement pendant la période de trois années prenant fin avec l'exercice 1926-27. Les comptes provisoires dont on dispose actuellement pour 1926-27 et les prévisions budgétaires pour 1927-28 indiquent qu'une certaine tendance s'est manifestée dernièrement à restreindre le recours au budget extraordinaire. Cependant, les chiffres atteignent encore un montant total élevé et il est évident que la facilité même avec laquelle on peut se lancer dans des dépenses susceptibles d'être portées au budget extraordinaire et couvertes par l'expédient facile de l'emprunt créera une source de risques pour l'équilibre budgétaire tant qu'on n'aura pas définitivement abandonné cette pratique.

L'argument invoqué primitivement en faveur du budget extraordinaire, tel qu'il a été formulé il y a un an et repris fréquemment depuis, a été que les dépenses en capital ne devraient pas en principe être prélevées sur les recettes courantes, mais qu'elles peuvent fort bien être financées au moyen d'emprunts. Le vice caché de ce principe, comme nous l'avons dit dans notre dernier Rapport, est que, lorsqu'il s'applique au budget du Gouvernement, « il entraîne si fréquemment et si aisément à de nouvelles dépenses inutiles, dans lesquelles on ne se lancerait jamais si elles devaient passer au crible du budget ordinaire. Le principe lui-même prend rapidement l'aspect d'un argument en faveur de nouvelles dépenses pour quiconque a intérêt à présenter de nouveaux projets, et tôt ou tard il sert de manteau pour couvrir les dépenses excessives du Gouvernement. » Les budgets extraordinaires du Reich pour 1926-27 et 1927-28 ont apporté de nombreuses confirmations pratiques du bien-fondé de ces observations et il est à espérer que le Gouvernement du Reich, de plus en plus conscient des dangers de cette politique, sera amené à restreindre toujours davantage l'usage qu'il fait actuellement du budget extraordinaire et à abandonner finalement cette pratique.

L'expérience acquise récemment par le Reich lors de l'émission d'emprunts a également servi à indiquer les limitations dans la pratique de la politique d'emprunt. Les conditions de l'emprunt de février et les circonstances de son émission ont fait l'objet d'un exposé détaillé dans le chapitre relatif à la dette publique ; la répercussion de cette émission sur le marché des capitaux en Allemagne est décrite dans le chapitre relatif au crédit. En un mot, il a mis le Gouvernement en concurrence avec les besoins d'emprunt de l'industrie allemande et a absorbé une partie de l'offre de capitaux liquides plus importante que le marché de l'argent allemand ne pouvait convenablement le supporter à cette époque.

Le Ministre des Finances du Reich a indiqué dernièrement qu'au lieu de songer à de nouveaux emprunts, on peut envisager très prochainement une autre alternative, à savoir la vente de certaines des valeurs que le Reich détient actuellement par suite de sa politique de prêts et d'investissements, y compris les 731 millions, valeur nominale, d'actions de préférence de la Compagnie des Chemins de fer allemands. Ce serait sans aucun doute un pas dans la bonne voie, car il signifierait que l'on a renoncé à la politique qui consiste à accroître constamment les prêts et les investissements du Gouvernement; on éviterait en même temps une nouvelle augmentation de la dette publique du Reich. Etant donné le caractère de priorité des obligations assumées par le Reich en vertu du Plan des Experts et le surcroît très sensible apporté à la dette publique du Reich par la revalorisation des emprunts libellés en marks-papier, le fait que le Reich a émis, dans la dernière année budgétaire, des obligations à long terme d'un montant nominal de 500 millions de reichsmarks, et qu'il commence cette année avec des autorisations d'emprunts de 953,7 millions, révèle une tendance qui, si elle persistait, pourrait compromettre l'équilibre du budget.

Le problème revient en dernière analyse à la distinction faite entre le budget ordinaire et le budget extraordinaire. Tôt ou tard, on sera bien obligé de reconnaître qu'un budget ordinaire en équilibre auquel s'ajoute un budget extraordinaire non équilibré équivaut en fait à un budget sans équilibre. Une politique financière qui essaie de céler cette vérité conduit fatalement à l'instabilité budgétaire.

d. *Obscurité des comptes et de la pratique budgétaires.* — Les plans de budgets et les comptes du Reich prêtent à la critique en raison de leur manque de clarté. Nous ne voulons pas dire par là que ni les plans, ni les comptes ne sont conformes à la réalité du point de vue comptable ou qu'il y a une inexactitude quelconque dans la manière de présenter les chiffres. Mais ces documents revêtent une forme qui rend absolument impossible, même pour des lecteurs très au courant de la question, de les comprendre sans une étude et une analyse approfondies.

Le budget du Reich se compose de trois budgets séparés: le budget ordinaire, le budget extraordinaire et le budget des charges de guerre. Le budget dans son ensemble contient de nombreux virements d'un budget à l'autre, d'un compte à l'autre et d'un exercice sur l'autre ; tous ces reports tendent à provoquer la confusion et à compliquer les opérations de comptabilité. Plusieurs de ces complications ont déjà été étudiées dans le présent chapitre, et on a essayé dans les tableaux et dans le graphiques de les réduire de manière à rendre la situation budgétaire suffisamment claire. Mais, en fait, il n'est pas possible, sans une longue étude détaillée, de donner une idée exacte de la situation budgétaire, ou même de déterminer les chiffres des recettes et des dépenses qui figurent au budget. Les situations de la Trésorerie sont également insuffisantes; elles ne paraissent qu'une fois par mois et ne sont pas complètes.

Cette obscurité des comptes du Gouvernement est à la fois inutile et malencontreuse. Si ces comptes étaient clairs, on disposerait d'un moyen des plus efficaces de contrôler les dépenses et cette clarté serait dans l'intérêt, non seulement du Gouvernement lui-même, mais encore de l'économie allemande dans son ensemble. De plus, on pourrait facilement obtenir cette clarté au moyen d'une réforme administrative et on réaliserait de grands progrès dans cette voie si on publiait plus fréquemment et plus régulièrement les opérations financières du Gouvernement, en particulier pour ce qui est de ses recettes et de ses dépenses et de la comptabilité courante de sa Trésorerie.

C. BUDGET DES ÉTATS ET DES COMMUNES.

Une étude de la situation budgétaire de l'Allemagne ne peut pas être complète si l'on oublie d'examiner les budgets des États et des communes. Malheureusement, on ne dispose pas encore des données nécessaires. Le Ministre des Finances du Reich a signé le 9 février 1926, en vertu des pouvoirs qui lui sont conférés par la loi du 10 août 1925, un décret demandant à tous les États et à toutes les communes, à l'exception des municipalités secondaires, de transmettre au Ministère des Finances à intervalles réguliers des états de recettes et de dépenses, ainsi que des exemplaires de leurs projets de budget et de leurs comptes budgétaires définitifs. Dans bien des cas, ces statistiques font défaut et il est toujours impossible d'avoir aucune vue générale sur les finances des États et des communes.

Les premières des statistiques qui doivent être publiées en conséquence de la loi du 10 août 1925 n'ont paru qu'il y a un jour ou deux dans « Wirtschaft und Statistik ». Les chiffres donnés permettent de comparer les recettes fiscales de 1913 et celles de 1925-26, mais leur intérêt est surtout d'ordre rétrospectif. Il n'a pas encore été publié de statistiques générales sur les dépenses.

1. *Observations générales.* — En l'absence de sources d'informations adéquates, on doit se contenter de formuler une ou deux remarques générales sur les budgets des États et des communes. Comme nous l'avons indiqué dans notre dernier Rapport, le temps des excédents budgétaires est maintenant passé et les réserves accumulées en 1924-25 ont été épuisées dans la majorité des cas. D'une part, les budgets des États en 1926-27 ont bénéficié de suppléments de reversements d'impôts du Reich, évalués à 200 millions de reichsmarks environ ; d'autre part, ils ont souffert des charges anormales imposées par le chômage. Au cours de l'exercice actuel, les États et les communes doivent recevoir du Reich des reversements d'impôts supérieurs de plus de 250 millions de reichsmarks à ceux de 1926-27 ; ils sont en outre presque entièrement exonérés de leurs dépenses relatives au chômage. On s'attend que les États, vu l'augmentation des reversements d'impôts garantis, réduisent leurs impôts sur la propriété foncière et sur les professions commerciales. On espère également qu'ils tiendront compte de la situation des communes pauvres, lorsqu'ils répartiront entre les communes les reversements qui leur reviennent. Il est impossible à l'heure actuelle de dire jusqu'à quel point ces espoirs seront réalisés, mais l'amélioration de la situation financière des États, par suite de l'augmentation des reversements garantis, devrait permettre une certaine réduction de l'imposition locale.

Les budgets courants de la plupart des États sont encore en discussion devant les divers parlements. Cependant, la Prusse a voté son budget pour 1927-28 et peut-être sera-t-il utile de donner une étude sommaire du budget de cet État. Ce budget peut représenter, d'une manière générale, les budgets des États qui constituent le Reich, étant donné que la Prusse occupe environ les deux tiers de la superficie de l'Allemagne et qu'elle comprend près des deux tiers de sa population et de son industrie.

2. *Budget de l'État prussien.* — La Prusse est le seul parmi les États principaux à avoir voté son budget pour l'exercice 1927-28. Depuis le dernier Rapport, les comptes définitifs de 1925-26 ont été également publiés, de sorte qu'il est possible actuellement de donner les chiffres comparatifs du budget prussien pendant quatre années consécutives. Les chiffres de 1924-25 et de 1925-26 sont empruntés aux comptes définitifs ; pour 1926-27, on ne dispose que des prévisions budgétaires ; quant à 1927-28, le budget a été voté il y a si peu de temps que notre analyse doit prendre pour base le projet soumis au Landtag le 14 décembre 1926.

Le tableau comparatif ci-dessous analyse sous une forme sommaire le budget de la Prusse pendant les quatre années en question :

BUDGET DE L'ÉTAT PRUSSIEN (en millions de reichsmarks)	1924-25 chiffres définitifs	1925-26 chiffres définitifs	1926-27 prévisions	1927-28 prévisions du projet de budget
RECETTES				
Reversements d'impôts du Reich	1.678,4	1.537,0	1.390,9	1.603,4
Subsides du Reich (affectations spéciales)	226,2	325,9	328,8	169,1
Contributions des communes (affectations spéciales)	13,3	26,8	26,9	32,5
Impôts prussiens	873,4	1.079,5	1.167,5	1.103,5
Recettes administratives	272,3	340,9	279,2	307,3
Recettes des entreprises d'État	119,2	57,6	93,9	60,0
Remboursement de prêts	—	9,9	55,0	22,4
Total des Recettes	3.182,8	3.377,6	3.342,2	3.298,2
DÉPENSES				
Reversements d'impôts par la Prusse aux provinces et aux communes :				
prélevés sur les reversements du Reich	883,7	830,0	722,9	848,3
prélevés sur les impôts prussiens	313,7	360,8	442,7	442,7
Subsides aux communes	18,6	52,1	23,0	23,0
Total des reversements et des subsides	1.216,0	1.242,9	1.188,6	1.314,0
Dépenses de l'État :				
Instruction publique, etc.	521,5	583,2	558,0	570,6
Police	266,9	339,4	386,7	381,4
Justice	270,4	330,3	314,9	337,7
Dépenses sociales	83,8	277,9	356,7	34,0
Administration des Finances	91,8	107,5	114,5	107,9
Pensions	72,2	85,6	114,0	120,7
Ministère de l'Intérieur et Pouvoirs Publics	35,1	54,2	34,7	35,3
Agriculture	39,4	71,5	54,3	47,7
Communications, etc.	38,1	62,0	45,0	48,2
Commerce	20,6	28,5	36,0	36,3
Haras de l'État	24,2	27,7	25,7	26,2
Intérêts de la dette publique	1,1	5,2	13,9	46,1
Dépenses diverses	8,3	26,8	14,6	46,1
Total des dépenses de l'État	1.473,4	1.999,8	2.069,0	1.838,2
Investissements, prêts, etc.	75,3	312,0	139,5	141,7
Réduction de la dette publique	11,1	1,6	1,3	4,3
Dépenses exceptionelles en capital	33,4	12,4	—	—
Déficit 1923/1924 (Report)	1,8	—	—	—
Total Général des dépenses	2.811,0	3.568,7	3.398,4	3.298,2
Excédent des recettes sur les dépenses	371,8	—	—	—
Excédent des dépenses sur les recettes	—	191,1	56,2	—
Report d'excédents des exercices précédents	—	157,0	56,2	—
Solde	371,8	— 34,1	—	—

Les budgets de l'État prussien, contrairement à ceux du Reich, n'accusent pendant le période de quatre années envisagée que des modifications relativement minimes. Les recettes de la Prusse provenant de l'impôt, qui sont en grande partie assises sur la propriété foncière, la valeur locative et le commerce, ne manifestent pas la même tendance à l'augmentation que les recettes du Reich qui sont, en majeure partie, dérivées, d'impôts sur le revenu et de taxes de consommation. Plus de la moitié du total des revenus de la Prusse consiste en subsides et en reversements du Reich. Conformément au projet de budget pour 1927-28, par exemple, la Prusse recevra du Reich 1.772,5 millions de reichsmarks, mais elle doit, d'autre part, reverser 1.314 millions à ses provinces et aux communes de son territoire. La Prusse a dépensé sous la rubrique « Dépenses sociales » des sommes importantes pour les secours de chômage, mais on remarquera que ce poste accuse en 1927-28 une diminution de 322 millions ; cette réduction est probablement due en grande partie au fait que le Reich a assumé la responsabilité des secours aux chômeurs. La Prusse a, comme le Reich, un programme d'investissements de capitaux et de prêts ; le poste le plus élevé de ce programme est celui de la construction de maisons d'habitation. Pendant la période de quatre années envisagée, ce programme a entraîné une dépense de 668,5 millions, auxquels s'ajoutent les dépenses exceptionnelles en capital, soit 45,8 millions, qui provenaient d'excédents budgétaires et du produit d'emprunts. En 1925-26 et 1926-27, il semble qu'il ait été émis des emprunts pour environ 184 millions à des fins similaires, mais on ne dispose d'aucune information définitive en ce qui concerne les dépenses qui en ont résulté.

Le budget de 1927-28 ne nous est encore parvenu qu'en bloc, mais tel qu'il est présenté, il paraît être équilibré. Les prévisions budgétaires de la Prusse ne paraissent cependant tenir compte ni du produit des emprunts ni de son affectation. De même, les dépenses effectuées par prélèvement sur le produit des emprunts ne paraissent pas avoir été portées dans les prévisions budgétaires. Ces prévisions ne tiennent pas non plus compte des opérations telles que l'octroi de prêts et de garanties d'emprunts et les ventes d'immeubles des régies. Le précédent Rapport attirait l'attention sur le fait que l'État prussien avait consenti des prêts pour un montant total de 97,3 millions, qu'il avait accordé des garanties d'emprunts pour un autre montant de 80 millions et qu'il avait reçu du Reich, en 1924-25, 65 millions en compensation de pertes d'actifs de l'État présentant un caractère productif et qu'il s'était servi à nouveau de ces fonds pour l'achat d'autres immeubles. Mais on ne peut encore trouver aucune trace de ces opérations dans les prévisions budgétaires.

Dans ces conditions, le tableau ci-dessus ne peut pas être considéré comme offrant un aperçu complet sur les finances prussiennes. Lorsque les données statistiques que les États et les communes doivent adresser au Ministère des Finances du Reich y seront parvenues et auront été analysées, on espère vivement qu'il sera possible d'élaborer un système permettant, non seulement de présenter la comptabilité financière des États et des communes sous une forme plus claire et plus complète, mais encore de provoquer une publication plus rapide et plus fréquente de ces données.

Les recettes des régies de l'État prussien, provenant principalement des forêts, sont portées aux états budgétaires pour les chiffres suivants :

RECETTES DES RÉGIES DE L'ÉTAT PRUSSIEN (en millions de reichsmarks)	1924—25 chiffres définitifs	1925—26 chiffres définitifs	1926—27 prévisions	1927—28 prévisions du projet de budget
Forêts	116,7	59,1	70,4	35,1
Domaines	8,3	2,3	11,9	12,0
Monnaies	2,9	1,7	1,4	1,7
Banque d'État (Seehandlung)	—	—	—	1,0
Mines (exploitations)	11,4 (déficit)	9,2 (déficit)	3,4	6,0
Entreprises électriques	0,1	0,2	2,7	2,3
Recettes diverses	2,6	3,5	4,1	1,9
Total	119,2	57,6	93,9	60,0

Le détail des dépenses portées aux budgets de la Prusse pour des investissements de capitaux, prêts, crédits, etc. figure au tableau suivant. Ce tableau doit être pris sous réserve, car il est loin de rendre complètement compte de la situation :

DÉPENSES POUR INVESTISSEMENTS DE CAPITAUX, PRÊTS ET CRÉDITS (en millions de reichsmarks)	1924—25 chiffres définitifs	1925—26 chiffres définitifs	1926—27 prévisions	1927—28 prévisions du projet de budget
INVESTISSEMENTS				
Construction de maisons d'habitation	54,0	169,8	138,1	140,2
Participation à la Société Minière Reckling-hausen	—	12,0	—	—
PRÊTS ET CRÉDITS				
Pour la colonisation agricole intérieure	10,0	12,6	1,2	1,5
Voies navigables (Mittellandkanal)	8,0	5,8	—	—
Achats de semences	—	34,6	—	—
Pour le développement des entreprises d'électricité appartenant à l'État	—	32,1	—	—
Irrigation et canalisations d'eau	—	12,0	—	—
Développement des ports (Stettin et Weser-münde)	—	13,8	—	—
Aux communes	—	7,2	—	—
Divers	3,3	12,1	0,2	—
Total	75,3	312,0	139,5	141,7

V. DETTE PUBLIQUE DE L'ALLEMAGNE.

Pendant la période qui fait l'objet du présent Rapport, les dettes publiques du Reich, des États et des communes ont toutes eu tendance à s'accroître.

A. DETTE PUBLIQUE DU REICH.

La dette publique du Reich a notablement augmenté en 1926-27, contrairement à la tendance antérieure.

Pour la première fois depuis la stabilisation, le Reich a émis, en février 1927, un emprunt intérieur à long terme. Le montant nominal de l'émission atteignait 500 millions de reichsmarks; les obligations, qui rapportent 5 % par an, arrivent à échéance en 1959, mais peuvent, en totalité ou en partie, être rachetées au pair dès le 1er février 1937. Un fonds d'amortissement de 2,1 % du montant primitif des obligations, plus l'intérêt économisé sur les obligations amorties, commencé à fonctionner à partir du 1er février 1934.

L'emprunt de 100 millions de reichsmarks que le Reich s'est assuré, en août 1926, auprès de l'Administration des Postes a été porté depuis à 110 millions.

Le 31 mars 1927, l'état officiel de la dette publique du Reich comprend pour la première fois des chiffres provisoires relatifs à la dette revalorisée libellée en marks-papier qui atteignait à cette date, d'après les documents publiés, 1.742 millions de reichsmarks. On trouvera plus loin une analyse des éléments qui entrent dans la composition de ce chiffre.

Pendant l'exercice qui a pris fin le 31 mars 1927, des réductions notables ont également eu lieu dans nombre d'obligations du Reich. Les montants nominaux amortis comprenaient 11,6 millions de la Dette de liquidation des emprunts; la totalité des bons « E » non encore amortis, soit 87,1 millions ; 132,4 millions du prêt de la Rentenbank, 9 millions du prêt de la Reichsbank, et des obligations diverses d'un montant global de 10 millions environ. Le total de la réduction des différentes obligations (montants nominaux) a été légèrement supérieur à 250 millions de reichsmarks. En outre, sur le fonds d'amortissement, il a été procédé à des rachats dans les diverses tranches de l'Emprunt extérieur 1924, pour un montant nominal de 11 millions environ au total.

1. *État de la dette publique.* — La dette publique du Reich à la fin de chacun des quatre derniers exercices figure sur le tableau ci-après. Les chiffres de 1924, 1925 et 1926 sont extraits pour une part du rapport annuel du Ministre des Finances sur les emprunts. Les chiffres de 1927 et ceux, pour 1926, de la dette revalorisée libellée en marks-papier sont tirés de « Wirtschaft und Statistik » organe publié par l'Office de Statistique du Reich. Pour la première fois, le tableau contient la rubrique « Obligations du Gouvernement », qui comprend la dette revalorisée et la partie du nouvel emprunt 5 % versée au 31 mars 1927.

DETTE PUBLIQUE DU REICH (en millions de reichsmarks)	31 mars 1924	31 mars 1925	31 mars 1926	31 mars 1927
Obligations du Gouvernement:				
Anciennes dettes en marks-papier revalorisées en vertu de la loi du 16 juillet 1925 (provisoire)	—	—	1.753,6	1.742,1
Emprunt 5 % émis en février 1927, en vertu des lois du 31 mars 1926 et du 8 janvier 1927 (500 millions de reichsmarks, valeur nominale)[1]	—	—	—	364,0
Total des Obligations du Gouvernement....	—	—	1.753,6	2.106,1
Bons du Trésor et Traites du Trésor:				
Emprunt dollars émis en vertu de la loi du 2 mars 1923	195,0	—	—	—
Emprunt or 1932, émis en vertu de la loi du 4 juin 1923	42,0	1,4	1,3	1,3
Emprunt or 1935, émis en vertu de la loi du 14 août 1923	210,2	21,8	19,0	18,9
Bons «K» émis en vertu de la loi du 11 juillet 1923	2,8	1,3	0,9	0,7
Bons «E» émis en vertu du décret du 9 février 1924	—	251,1	87,1	—
Traites en reichsmarks: obligations du Trésor à court terme	148,9	30,0	—	—
Total des bons du Trésor et traites du Trésor....	598,9	305,6	108,3	20,8
Emprunts aux Banques:				
A la Rentenbank, autorisé par décret du 15 octobre 1923	1.096,5	1.185,0	1.054,4	922,0
A la Reichsbank	235,5	226,5	217,5	208,4
Total des emprunts aux banques....	1.332,0	1.411,5	1.271,9	1.130,4
Divers:				
Garanties données par le Reich, en particulier pour l'achat de denrées alimentaires pendant et après la guerre, libellées en grande partie en monnaies étrangères	447,7	105,2	52,2	51,0
«Meliorationskredit» — obligations provenant de crédits accordés aux agriculteurs	—	9,0	12,0	12,0
Emprunt consenti par l'Administration des Postes	—	—	—	110,0
Autres obligations	27,4	18,6	18,6	9,7
Total des dettes diverses....	475,1	132,8	82,8	182,7
Emprunt Extérieur Allemand 1924:				
Émis conformément au Plan des Experts et conformément aux dispositions de l'obligation générale émise par le gouvernement du Reich le 10 octobre 1924. Libellé en monnaies étrangères qui ont été converties dans le présent tableau au cours du change en vigueur aux dates indiquées	—	945,7	922,8	911,2
Total de la dette publique du Reich....	2.406,0	2.795,6	4.139,4	4.351,2

[1] Le payement pour le solde de l'emprunt, soit 136 millions de reichsmarks valeur nominale, n'a été effectué qu'après le 1er avril 1927.

2. Revalorisation des emprunts en marks-papier. — La conversion des emprunts du Reich libellés en marks-papier en une nouvelle Dette de liquidation des emprunts a progressé depuis le dernier Rapport et l'Office de Statistique du Reich a maintenant publié des chiffres provisoires de cette dette. Toutefois, le travail de conversion n'est pas encore achevé et il se peut qu'un certain temps s'écoule encore avant qu'on soit en possession des chiffres définitifs. La loi du 16 juillet 1925 crée une nouvelle obligation du Reich appelée Dette de liquidation des emprunts et autorise l'émission des nouvelles obligations en échange des emprunts en marks-papier. Le taux de revalorisation varie avec les diverses catégories d'emprunts en marks-papier, mais, pour ce qui est des obligations de guerre et d'avant-guerre, le taux est fixé à $2^{1}/_{2}$ % de la valeur nominale des emprunts en marks-papier. Pour les émissions ultérieures, le taux est déterminé par la valeur or du mark au moment de l'émission.

Les détenteurs dits « anciens » détenteurs, qui ont acquis leurs obligations en marks-papier avant le 1er juillet 1920, reçoivent un traitement préférentiel. Les « anciens » détenteurs qui ont échangé leurs obligations en marks-papier ont droit de participer aux tirages annuels par lesquels on espère, en une période de 30 années, amortir entièrement la Dette de liquidation des emprunts de ces porteurs. Lorsque la Dette de liquidation des emprunts aux mains de ces « anciens » détenteurs sort au tirage, les porteurs reçoivent en sus une prime égale à quatre fois la valeur nominale de la Dette sortie au remboursement. De cette façon, la revalorisation rapportera à l' « ancien » détenteur 12 $^{1}/_{2}$ °/° de la valeur nominale de ses obligations en marks-papier. La Dette de liquidation des emprunts, au moment où elle est remboursée, bénéficie également d'un intérêt de 4 $^{1}/_{2}$ °/° par an, à la fois sur la dette et sur la prime, compté à partir du 1er janvier 1926. D'autres privilèges sont prévus dans la loi en faveur des « anciens » détenteurs ; les petits porteurs nécessiteux obtiennent un paiement à forfait pour la liquidation définitive de leurs créances ; d'autres catégories de porteurs nécessiteux, dont le revenu annuel ne dépasse pas 800 reichsmarks pourront recevoir des annuités viagères d'un montant peu élevé, s'ils consentent à faire valoir leur droit aux tirages de la Dette de liquidation des emprunts seulement à une date ultérieure, ou des annuités légèrement plus élevées s'ils renoncent entièrement à ces droits.

Les détenteurs dits « nouveaux » détenteurs, qui ont acquis leurs obligations en marks-papier après le 1er juillet 1920, peuvent échanger celles-ci contre des titres de la Dette de liquidation des emprunts mais, en vertu de la loi, ils ne peuvent exiger ni l'intérêt, ni le principal tant que l'Allemagne n'a pas satisfait à ses obligations de réparations.

On s'attend maintenant à voir les travaux de revalorisation achevés à l'automne de 1927. Les chiffres provisoires publiés par l'Office de Statistique du Reich indiquent que la Dette de liquidation des emprunts s'élevait à 1.753,6 millions de reichsmarks le 31 mars 1926. Sur cette somme, on estime qu'un milliard représente les titres échangés par les anciens détenteurs auxquels quatre milliards supplémentaires seront payés à titre de prime à mesure que leur Dette de liquidation des emprunts sera amortie. Ces quatre milliards doivent être ajoutés aux 1.753,6 millions d'obligations nominales, ce qui donne pour les obligations effectives du Reich, aux termes du projet de revalorisation, un total évalué à 5.753.6 millions de reichsmarks.

Le montant de la Dette de liquidation des emprunts figure provisoirement dans le tableau de la dette du Gouvernement pour une valeur de 1.753,6 millions de reichmarks au 31 mars 1926, et de 1.742,1 millions de reichsmarks au 31 mars 1927. Ces chiffres font donc ressortir pour l'année une réduction de 11,6 millions de reichsmarks en chiffres ronds. Cette réduction représente apparemment la valeur nominale de la Dette de liquidation des emprunts remboursés aux « anciens » détenteurs en 1926-27. A cette somme, il convient d'ajouter 46,4 millions de reichsmarks versés à titre de prime aux « anciens » détenteurs, ce qui donne un total de 58 millions de reichsmarks, non compris les intérêts, payés en 1926-27 au compte des tirages de la Dette de liquidation des emprunts.

Dans le budget 1927-28, les montants suivants, en millions de reichsmarks, ont été affectés pour les paiements relatifs aux « anciens » détenteurs.

	1927-28
Annuités pour servir aux remboursements par voie de tirage	292,8
Annuités viagères accordées aux « anciens » détenteurs nécessiteux	64,0
	356,8.

Le montant effectivement payé en 1926-27 a été de 240,8 millions, dont seulement 58 millions par voie de tirage au sort plus les intérêts à $4^1/_2 \%$, le reste étant affecté au fonds d'amortissement et aux annuités viagères. Le fait qu'une fraction seulement du montant a été ainsi payée provient en partie de ce que les tirages anticipés de 1926-27 n'ont pas pu être complétement effectués. Pour achever les paiements nécessaires du fait de ces tirages, le montant inscrit en réserve au budget de 1927-28 dépasse celui dont on aura généralement besoin. On évalue la charge annuelle normale sur le budget, une fois les travaux de revalorisation achevés, à 250 millions de reichsmarks environ, montant qui sera à peu près constant pendant la période envisagée de trente années. La charge de 64 millions de reichsmarks pour les annuités viagères accordées aux « anciens » détenteurs nécessiteux devrait décroître graduellement d'une année à l'autre.

Ainsi qu'il a été dit dans les Rapports antérieurs, les paiements au bénéfice des détenteurs de la dette revalorisée sont tous soumis aux conditions de priorité de la dette de réparations du Reich; d'autre part, la partie de la Dette de liquidation des emprunts évaluée à 750 millions de reichsmarks due aux « nouveaux » détenteurs qui ont acquis leurs obligations en marks-papier après le 1er juillet 1920 n'est pas une charge réelle pour le Reich, soit en ce qui concerne l'amortissement, soit en ce qui concerne les intérêts, tant que l'Allemagne n'a pas satisfait à ses obligations de réparations.

B. DETTES PUBLIQUES DES ÉTATS ET DES COMMUNES.

La tendance des dettes publiques des États et des communes à s'accroître s'est accentuée pendant les six derniers mois, mais les nouveaux emprunts ont été placés presque entièrement sur le marché intérieur, tandis que, jusqu'à l'automne de 1926, la plupart des emprunts de cette catégorie étaient contractés à l'étranger. Aucun relevé détaillé et complet des dettes des États et des communes n'ayant été publié, il est impossible de donner dans le présent rapport des chiffres certains. La revalorisation des dettes en marks-papier des États et des communes se poursuit en vertu de la loi du 16 juillet 1925, mais aucun chiffre officiel n'est encore connu.

VI. CRÉDIT ET MONNAIE EN ALLEMAGNE.

Au cours des six derniers mois, la monnaie allemande a satisfait à toutes les conditions que doit remplir une monnaie à étalon or et elle a continué de réaliser ainsi une des fins primordiales du Plan des Experts. Le pouvoir d'achat du reichsmark à l'intérieur du pays, tel que le reflète le niveau général des prix de gros et des prix de détail, s'est assez peu modifié. Sur le marché des changes, les mouvements ont été plus caractérisés. Le reichsmark faisait prime à la fin de 1926, mais dès le début de 1927, il était au-dessous du pair et, en dépit de certaines variations, il y est resté jusqu'à présent. Au cours de la même période, il y a eu des sorties considérables en ce qui concerne l'encaisse-or de la Reichsbank et ses autres réserves susceptibles d'être échangées contre de l'or. Cette diminution des réserves a été la conséquence nécessaire de la politique de crédit dont le maintien à 5 % du taux de l'escompte de la Reichsbank a constitué un élément essentiel jusqu'au 10 juin 1927, date à laquelle ce taux a été porté à 6 %.

A aucune époque depuis la mise en vigueur du Plan des Experts, le développement des crédits et l'évolution financière n'ont présenté une importance aussi sérieuse qu'au cours des six derniers mois. Le chapitre suivant expose, d'une façon détaillée les conditions du crédit et la politique financière qui les a influencées. Cet exposé est suivi d'une brève étude relative à la monnaie.

A. CONDITIONS DU CRÉDIT (de novembre 1926 à mai 1927).

Les conditions du crédit en Allemagne, au cours de ces six derniers mois, ont subi l'influence de la politique financière qui s'est efforcée de réduire l'afflux des capitaux étrangers et de limiter, dans la mesure du possible, le marché de l'argent en Allemagne aux ressources propres du pays. En ce qui concerne les crédits à court terme consentis par l'étranger, cette politique n'a réussi que temporairement. Mais depuis le début de 1927, les crédits à long terme ont cessé en fait d'entrer en Allemagne. Lorsque l'afflux des crédits vers l'Allemagne s'est arrêté, les sorties de crédits destinés à des placements ont commencé dans le sens contraire, c'est-à-dire en provenance de l'Allemagne et à destination de l'étranger. Ce renversement était, d'une part, une réaction contre l'appel exagéré fait aux emprunts étrangers au cours des deux années précédentes, il signifiait, d'autre part, une reprise de la capacité de l'Allemagne à effectuer des placements à l'étranger et il inaugurait à ce titre une nouvelle étape de la reconstruction de l'Allemagne.

Il est naturel que les crédits consentis par les Allemands à l'étranger, pour quelque but que ce soit, aient rétréci la base des crédits en Allemagne, telle que la constituent, en particulier, l'encaisse-or et le portefeuille de devises de la Reichsbank. Cependant, la Reichsbank est restée prête à fournir les devises étrangères qui lui ont été demandées et son portefeuille de traites allemandes s'est élargi en même temps que ses réserves de devises diminuaient. En conséquence, le volume général du crédit a continué d'augmenter et les taux de l'argent, pris dans leur ensemble, ont été plus aisés jusque vers la fin de cette période, qu'à tout moment depuis la stabilisation.

L'aisance relative du crédit a eu une répercussion très nette sur l'activité de l'industrie et du commerce et elle a été un des facteurs importants du rétablissement qui a suivi la crise d'il y a dix-huit mois. A l'heure actuelle, si l'on se fonde sur les chiffres disponibles, le volume des marchandises produites et consommées est, d'une façon générale, plus élevé qu'à n'importe quelle date depuis la stabilisation. L'évolution qui s'est produite à l'intérieur de l'Allemagne a eu pour conséquence l'abaissement du coût de la production et une certaine augmentation du pouvoir d'achat de la population. Mais le marché intérieur s'élargissant et le volume de la production augmentant, l'industrie allemande a eu besoin de s'approvisionner plus largement en matières premières à l'étranger. Au cours des six derniers mois, les importations de l'Allemagne, dans leur ensemble, ont dépassé de beaucoup les exportations. Et l'accumulation des crédits qui était, dans une large mesure, la conséquence des emprunts étrangers de l'année dernière, a été utilisée pour payer le déficit de la balance commerciale. On doit vraisemblablement présumer qu'une partie suffisante de ces matières premières importées sera ré-exportée en temps voulu sous forme de produits manufacturés et que ces exportations permettront de procéder à de nouveaux achats de matières premières. Jusqu'à présent, bien que la politique financière du Gouvernement ait été dirigée contre l'entrée des capitaux étrangers grâce auxquels il est possible d'acheter des marchandises importées, aucune augmentation sensible des exportations n'a pu être constatée.

1. *Situation de la Reichsbank.*

Pendant la plus grande partie de 1926, la Reichsbank est restée sans contact technique avec les banques et le marché monétaire et elle a dû exercer son influence autrement que par le taux de l'escompte ou par son contrôle sur le crédit. Les mesures qu'elle a prises pour rétablir le contact avec le marché ou pour reprendre la direction de la politique de crédit ont été d'une importance primordiale pour le développement des conditions du crédit dans leur ensemble.

Il y avait, on s'en souviendra, d'après l'exposé du précédent Rapport, deux sources principales de crédit disponibles pour le marché de l'argent en dehors de la Reichsbank. L'une consistait dans les fonds des administrations publiques, l'autre dans les crédits étrangers. Ces deux sources avaient pour effet de rendre inefficace le taux de la Reichsbank. L'exposé des mesures destinées à placer sous contrôle les fonds des administrations publiques, dont le succès n'a encore été que partiel, est reporté à une section ultérieure du présent chapitre. Les dispositions prises en vue de limiter les crédits étrangers ont eu une répercussion profonde sur les conditions du crédit en Allemagne, en général, et sur la Reichsbank, en particulier. Il vaut donc beaucoup mieux discuter ces dispositions et leurs effets du point de vue général de la Reichsbank, plutôt que comme des phénomènes isolés des six derniers mois. Les pages ci-après sont consacrées tout d'abord à l'examen des mesures prises en vue de limiter les crédits étrangers, y compris le maintien d'un taux d'escompte peu élevé; en second lieu, à l'impulsion ainsi donnée à une sortie des fonds hors d'Allemagne; en troisième lieu, aux effets de cette sortie sur le cours des changes, sur les réserves de la Reichsbank et sur le volume des crédits intérieurs consentis par la Reichsbank ; en quatrième lieu enfin, aux efforts de la Reichsbank en vue de corriger par une action immédiate l'impulsion que l'argent à bon marché a donnée à la spéculation.

a. *Limitation des crédits étrangers.* — Jusqu'à la fin de décembre 1926, les crédits étrangers à long terme consentis à l'Allemagne depuis l'application du Plan des Experts se sont montés à 3.850 millions de reichsmarks environ. Sur cette somme, 960 millions représentaient le montant nominal de l'Emprunt extérieur allemand 1924, émis conformément au Plan. Le reste consistait dans un grand nombre d'emprunts très divers contractés par les États, les communes, les entreprises placées sous leur contrôle et par l'industrie privée. Outre les fonds provenant des emprunts à long terme, dont l'essentiel a été transféré pour être utilisé en Allemagne, il y a eu les mouvements habituels de flux et de reflux sur le marché de l'argent à court terme. Il est impossible d'évaluer le volume de ce dernier, étant donné que les mouvements successifs à destination ou en provenance d'Allemagne, déterminés en grande partie par le rapport entre le taux de l'intérêt à Berlin et à l'étranger, se sont souvent neutralisés. Mais le montant des capitaux étrangers de ces deux catégories mis temporairement à la disposition du marché allemand a été, par moments, très élevé.

L'afflux des capitaux étrangers a eu une double conséquence: il a augmenté rapidement l'encaisse-or et le portefeuille de devises de la Reichsbank et réduit son portefeuille de traites allemandes. L'influence de la Reichsbank s'est atténuée d'autant et, au cours de l'automne de 1926, le taux de son escompte a été presque sans aucune action sur le marché allemand de l'argent. A cette même époque, la Reichsbank possédait une réserve considérable d'or et de devises étrangères convertibles en or. Le Président de la Reichsbank, convoqué le 21 octobre 1926, devant le sous-comité chargé des questions d'argent et de crédit de la Commission officielle d'enquête sur la situation économique de l'Allemagne, a exposé son opinion en ce qui concerne la répercussion possible de cet excédent sur le transfert des payements de réparations et il a fait, entre autres, les déclarations suivantes:

« Les devises que les crédits étrangers introduisent en Allemagne à présent s'accumulent à la Reichsbank dans une mesure qui dépasse beaucoup trop la couverture de notre circulation monétaire. Nous n'avons pas besoin de cette couverture. En conséquence, si l'Agent Général des Payements de Réparations me demandait : « Pouvez-vous nous fournir à présent des devises en vue de transferts? », je ne pourrais que répondre : « oui ». Il ne me serait pas possible de lui dire : « La monnaie allemande n'est pas en état de supporter ces transferts ». Le change allemand resterait stable, même si une grande partie des devises de la Reichsbank lui était retirée immédiatement. Par conséquent, à l'heure actuelle, la situation est la suivante : nous faisons montre d'une capacité, non seulement de payer, mais d'effectuer des transferts, qui, dans le cours naturel des choses, diminuera et disparaîtra totalement au moment où la situation sera renversée et où nous nous trouverons en face du revers de la médaille. La capacité de transférer dont nous faisons montre à présent cessera indubitablement d'ici un certain temps. Néanmoins, nous devrons assurer le service des intérêts et effectuer l'amortissement des emprunts contractés par nous à l'étranger, de sorte que notre situation est celle d'un débiteur qui ferait pour l'instant un avantage à ses créanciers politiques au détriment des créanciers privés de l'avenir. »

Depuis le début de 1925, les organismes officiels, y compris la Reichsbank et le Ministère des Finances du Reich, se sont efforcés d'exercer un contrôle sur les emprunts contractés à l'étranger, mais ils n'ont eu qu'un succès relatif. Dans l'intervalle, à mesure que le marché intérieur allemand se fortifiait, il est devenu possible aux emprunteurs allemands de se procurer des capitaux en Allemagne à des conditions de plus en plus favorables par rapport à celles que leur offraient les banquiers étrangers. A la fin de novembre 1926, les marchés allemands et les marchés étrangers étaient presque en équilibre et, tandis que les occasions de contracter en Allemagne des emprunts à long terme se multipliaient, les occasions d'emprunter à l'étranger diminuaient. Cependant, il existait un avantage fiscal formel en faveur du prêteur étranger. Le Ministre des Finances y a mis fin. Le 4 décembre 1926, l'exemption de l'impôt sur le revenu précédemment accordée aux emprunts allemands placés à l'étranger fut suspendue, sauf pour certains emprunts encore à l'étude. La conséquence de cette mesure fut de faire subir aux futurs emprunts allemands, sans aucune distinction, qu'ils soient placés sur les marchés intérieurs ou sur les marchés étrangers, une déduction de 10 % perçue chaque année à la source. Le résultat effectif de la réforme a été, toutefois, d'élever contre les emprunts étrangers une barrière fiscale qui a été maintenue jusqu'au début de juin, date à laquelle le Ministre des Finances a déclaré qu'il était de nouveau disposé à recommander, dans certains cas, des exemptions d'impôt pour les emprunts contractés à l'étranger.

Le réveil progressif du marché intérieur allemand et l'accroissement de sa faculté de pourvoir aux besoins de crédit à long terme aussi bien de l'industrie que des divers organismes gouvernementaux ont été des événements d'une grande importance positive ; ils ont déjà fait l'objet de commentaires détaillés dans les Rapports précédents. Le retrait de l'exemption fiscale accordée aux emprunts étrangers a marqué la date à laquelle le marché intérieur à long terme, pour le moment tout au moins, a commencé de se suffire à lui-même. Le retrait du privilège en question n'a cependant pas été la cause de cette émancipation ; il faut bien plutôt la rechercher dans la reconstitution graduelle du réservoir des crédits à l'aide des emprunts étrangers et de l'épargne allemande. Au début de 1927, l'importance des emprunts étrangers à long terme a relativement diminué et, comme on le verra dans une autre partie de ce Rapport, le total des emprunts allemands placés à l'étranger pendant les quatre premiers mois de l'année s'est élevé à 94 millions de reichsmarks environ, tandis que les emprunts de même nature placés sur le marché intérieur ont atteint 712 millions.

L'abaissement du coût des crédits et l'élargissement du marché intérieur étaient tout à fait conformes à la politique de la Reichsbank. Le 11 janvier 1927, la Reichsbank abaissa le taux de son escompte, le portant de 6 à 5 %. Le taux de 6 % avait été en vigueur depuis le 6 juillet 1926 et, pendant une grande partie de cette période, il avait eu peu d'influence ou même n'en avait eu aucune sur le marché monétaire. Les taux pour les traites ainsi que ceux pratiqués pour les crédits boursiers étaient très inférieurs au taux de l'escompte de la Reichsbank.

Ainsi que le montre le graphique ci-dessous qui indique le taux pour les traites de premier ordre sur le marché hors banque à Berlin et le taux pour l'argent à vue à Berlin, l'abaissement du taux de l'escompte de la Reichsbank au début de 1927 a été suivi d'une diminution nouvelle des taux sur le marché de l'argent. Ce fut d'une part la conséquence de l'abaissement du taux de l'escompte lui-même, mais ce fut d'autre part le résultat d'influences saisonnières qui rendent habituellement l'argent meilleur marché au cours des premières semaines d'une nouvelle année.

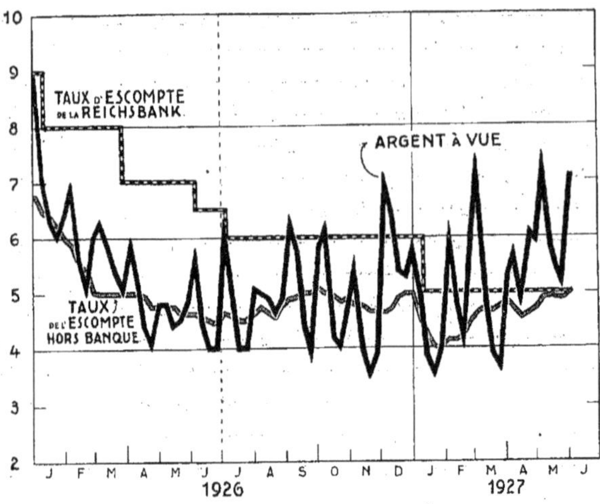

Taux de l'argent à Berlin.

Le taux de l'escompte est resté à 5 % jusqu'au 10 juin 1927, date à laquelle il a été porté à 6 %.

b. *Sorties de capitaux*. — L'aisance du marché de l'argent au début de 1927 qui s'est traduite par la réduction du taux de l'escompte de la Reichsbank, a eu pour conséquence immédiate de faire sortir rapidement d'Allemagne des capitaux qui s'y trouvaient. Ainsi, il s'est produit un renversement de la situation qui durait depuis plusieurs mois. L'afflux des capitaux étrangers a été arrêté et les sorties de capitaux ont commencé dans une large mesure. Il est probable que cet exode se serait partiellement produit même si la Reichsbank n'avait pas abaissé son taux d'escompte; mais on peut se demander s'il aurait atteint une telle ampleur ou duré aussi longtemps s'il n'avait pas été encouragé par le changement du taux de la Reichsbank.

L'exode des capitaux a pris un certain nombre de formes dont plusieurs s'étaient manifestées d'une façon encore hésitante l'année dernière. La première de ces formes, non pas peut-être en ce qui concerne le montant numérique, mais en ce qui concerne son importance potentielle, a été le développement des placements effectués par les Allemands à l'étranger. Dès le printemps de 1926, les Allemands se sont mis à racheter dans les pays étrangers les obligations qu'ils avaient eux-mêmes émises. A mesure que l'année avançait, les renseignements indiquaient que ces achats devenaient plus nombreux. Le premier cas de placement direct à l'étranger qui ait attiré l'attention a été l'achat, en juin 1926, d'un montant considérable de traites du Trésor offertes par un gouvernement étranger. Ultérieurement, au cours de la même année la stabilisation officielle de la monnaie belge et la stabilité de fait du franc français ont commencé d'attirer les capitaux allemands en Belgique et en France. Dans une certaine mesure, l'intérêt que prenaient les Allemands à ces marchés était de caractère spéculatif et transitoire, mais, la plupart du temps, cet intérêt provenait de l'attente d'une hausse des valeurs répartie sur une période de plusieurs années. Sans doute, il est absolument impossible d'estimer en gros le montant des achats de valeurs françaises et belges effectués par des Allemands, mais l'opinion des milieux bancaires compétents les a évalués à un chiffre très élevé. Il y a eu aussi des placements allemands considérables en Italie et des crédits à l'Europe orientale et à l'Europe du Sud-Est, comprenant un crédit à long terme pour l'exportation de marchandises en Russie sous la garantie partielle du Reich et des États. Ce crédit, tout en n'impliquant pas l'exportation des capitaux eux-mêmes en Russie, a été élargi par suite de l'intervention des banques et de l'industrie allemandes. Il se montait au début à 300 millions de reichsmarks, dans la suite il a été porté à 366 millions et se trouvait être entièrement engagé à la fin de mars 1927. En outre, il y a eu d'importantes participations des banquiers allemands dans diverses émissions nouvelles d'obligations industrielles étrangères offertes sur le marché international. Les tranches de ces émissions destinées aux marchés de l'Allemagne ont, dans l'ensemble, trouvé des souscripteurs.

Une seconde catégorie importante de capitaux entrés en Allemagne ou sortis de ce pays est constituée par les divers types d'argent à court terme. Vu les conditions qui règnent dans ces dernières années sur les marchés monétaires du monde, ces capitaux ont passé d'un marché à l'autre avec une grande rapidité, conséquence évidente d'une forte concentration, sur un petit nombre de marchés, de capitaux liquides à la recherche d'investissements en obligations à court terme payables en or. Le principal facteur qui détermine la direction que prennent ces capitaux est, bien entendu, le taux de l'intérêt sur les différentes places. Si nous prenons comme base, par exemple, l'année 1926 dans son ensemble, l'argent à court terme a manifesté une tendance à sortir d'Allemagne où le taux de l'intérêt baissait et où il existait de larges réserves de capitaux étrangers provenant des emprunts à long terme. D'une façon générale, une très grande partie de la dette allemande à court terme a été ainsi convertie en dette à long terme. Le fléchissement très net du taux de l'intérêt qui, au début de 1927, a suivi l'abaissement du taux de l'escompte de la Reichsbank, a provoqué un nouvel exode de l'argent à court terme et on annonçait, en janvier, de Londres, que les capitalistes allemands cherchaient à placer de l'argent à court terme sur le marché anglais. Cependant, ce mouvement a bientôt pris fin. A la fin de février, l'augmentation du taux de l'intérêt, notamment à la Bourse, a de nouveau attiré l'argent étranger sur le marché de Berlin. Cet afflux qui a duré jusqu'à présent d'une façon plus ou moins continue avait le plus souvent un caractère tout à fait indésirable. C'est ainsi qu'ont été introduits en Allemagne des fonds destinés en premier lieu à financer une spéculation active sur le marché des actions et qui, par suite de leur caractère de dette à court terme, étaient particulièrement susceptibles d'être retirés en cas d'événements défavorables, soit sur le marché allemand, soit sur le marché des prêteurs eux-mêmes. Il est d'une importance qui dépasse celle du moment de faire observer que, sauf pour une très courte période au début de 1927, le taux d'escompte de la Reichsbank n'a guère eu d'action sur l'afflux de l'argent à court terme. Le mouvement de ces fonds a suivi celui du taux de l'argent sur le marché, et, tant que le taux de la Reichsbank restait sans contact avec le marché, celle-ci ne pouvait exercer aucun contrôle sur l'entrée ou la sortie des capitaux étrangers à court terme.

Les placements étrangers et la spéculation étrangère sur le marché allemand des actions ont aussi joué un rôle important en ce qui concerne le mouvement des capitaux. Il y a un an environ, la hausse des valeurs en Bourse a commencé d'attirer les participations étrangères, qui ont rapidement augmenté tant que les cours ont continué de monter. Il est impossible d'évaluer les sommes introduites en Allemagne à cet effet, mais il est certain que les prises de bénéfices ont amené à puiser largement, mais non pour des fins productives, dans le portefeuille de devises étrangères.

Parmi tous les facteurs expliquant l'exode des capitaux qui s'est produit depuis le début de l'année, le plus important a été sans aucun doute le déficit de la balance commerciale. Dans les deux derniers mois de 1926, les importations de marchandises à destination de l'Allemagne ont dépassé les exportations de 388 millions de reichsmarks, et dans les quatre premiers mois de 1927, le déficit de la balance commerciale s'est élevé de nouveau à 1.175 millions. En d'autres termes, pendant ces six mois, le déficit du commerce extérieur a presque atteint le total des emprunts étrangers à long terme placés en Allemagne au cours de 1926. Bien entendu, ces emprunts ont apporté un stimulant aux importations et, dans un certain sens, le déficit actuellement très considérable de la balance commerciale est une répercussion tardive des emprunts excessifs contractés à l'étranger. Mais il est évident que ce déficit n'aurait pu atteindre de pareilles proportions si les conditions du crédit en Allemagne pendant la période où il se produisait n'y avaient pas aidé. A ce propos, le facteur dominant a été le taux de l'escompte de la Reichsbank qui encourageait d'une façon très nette les crédits intérieurs dont le produit était directement ou indirectement convertible en devises étrangères.

L'autre forme de sortie des capitaux qu'il convient de mentionner ici correspond aux payements de réparations. Nous en avons déjà donné une analyse sommaire au début de ce Rapport. Les payements de réparations, par leur nature même, réduisent nécessairement l'afflux des capitaux, si le mouvement général les dirige vers l'Allemagne, et ils en accélèrent la sortie, si ce même mouvement les entraîne hors d'Allemagne. A ce point de vue, la forme qu'affectent les payements de réparations — transferts de devises étrangères ou livraisons en nature — n'est pas essentielle sauf, cependant, que les livraisons en nature représentent, dans une certaine mesure, des exportations que l'Allemagne n'effectuerait pas autrement.

c. *Conséquences des sorties de capitaux.* — Le changement de la direction des capitaux résultant des différents facteurs que nous avons analysés ci-dessus a eu une répercussion rapide sur le cours des changes. A la fin de décembre, la livre sterling en était au point ou aux environs du point où il est profitable de procéder à des expéditions d'or de Londres à Berlin et il y a eu effectivement des expéditions de cette nature. Cependant, immédiatement après le début de l'année, la livre sterling s'est mise à monter et, vers le milieu de janvier, le change sur Londres faisait nettement prime. En même temps, le dollar, qui, pendant une courte période, avait été au-dessous du pair par rapport au reichsmark, s'est élevé presque jusqu'au « gold point » d'exportation. Cette situation s'est en général maintenue jusqu'à l'heure actuelle et les tendances momentanées du mark à se redresser qui se sont fait jour de temps à autre sont devenues plus faibles dans ces derniers temps. Les cours de la livre sterling et du dollar, par rapport au reichsmark, depuis le mois d'août dernier, sont illustrés dans les graphiques ci-dessous. Avant le 23 août 1926, date où le reichsmark a été libéré de sa dépendance technique vis-à-vis du dollar, le change sur New-York était constamment coté à 4,20 reichsmarks pour 1 dollar, et les autres devises évoluaient par rapport au reichsmark de la même façon que par rapport au dollar. Ajoutons que les dernières réglementations légales, qui subsistaient relativement aux opérations sur les devises, ont été supprimées par décret du 22 février 1927, date à laquelle la disposition limitant ces opérations aux établissements de crédit légalement autorisés a été abrogée.

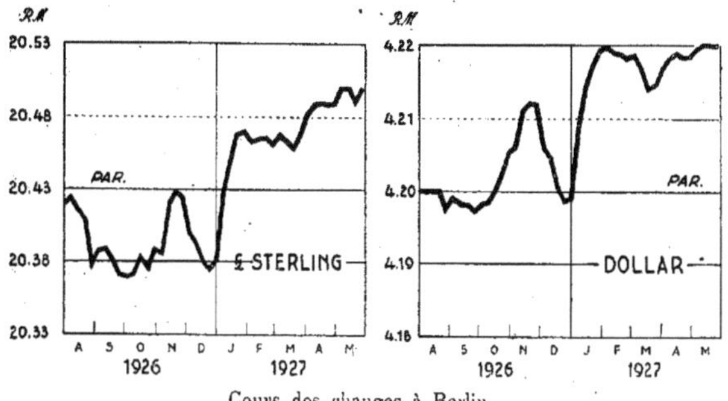

Cours des changes à Berlin
(Cours moyen en reichsmarks pour les transferts télégraphiques).

Les conséquences de la sortie des capitaux sur les réserves de la Reichsbank ont été immédiates. Etant donné que les banques commerciales allemandes sont naturellement obligées de conserver des soldes créditeurs à l'étranger, toute demande exceptionelle de capitaux étrangers doit nécessairement être faite à la Reichsbank qui détient les réserves d'or et de devises étrangères du pays. La Reichsbank a été toujours en mesure, depuis le mois de juin 1924, de fournir des devises étrangères quand le marché lui-même n'était pas en état de le faire, mais les appels faits à ce sujet à la Reichsbank n'ont guère eu de répercussion sensible sur son encaisse or et devises. Au contraire, comme nous l'avons signalé dans les Rapports précédents, la Reichsbank avait reçu, dans l'ensemble, beaucoup plus de devises étrangères qu'elle n'avait été appelée à en fournir, et, en conséquence, sa couverture a subi une augmentation nette sensible. A la fin de décembre 1926, la Reichsbank indiquait le chiffre de 1.831 millions de reichsmarks pour son encaisse or et celui de 519 millions pour ses devises de couverture. Le total atteint alors, à savoir 2.350 millions, a représenté le chiffre le plus élevé ayant figuré jusqu'ici dans les situations et il correspond à une augmentation de 1.500 millions environ, depuis la réorganisation de la Banque en octobre 1924. Outre les devises déclarées comme couverture, la Reichsbank possédait un portefeuille très fourni de traites et autres effets payables en monnaies étrangères, qu'elle ne faisait pas figurer sous une rubrique spéciale, mais qui étaient compris dans ses autres avoirs. L'usage qui consistait pour la Banque à conserver ainsi des devises non déclarées a rendu impossible, pendant la période d'accumulation des devises, d'en évaluer le montant dans le portefeuille de la Reichsbank. Au début de 1927, lorsque les fonds ont commencé leur exode rapide en dehors de l'Allemagne, il a été également impossible de déterminer la vitesse avec laquelle se vidait le portefeuille de devises. Le 31 mai

1927, l'encaisse or de la Reichsbank et ses devises déclarées comme couverture se montaient à 1.894 millions de reichsmarks, soit une diminution d'environ 450 millions par rapport au 31 décembre 1926. Les devises non déclarées ont diminué pendant la même période d'un montant légèrement supérieur, ce qui porte la diminution totale à 1 milliard environ.

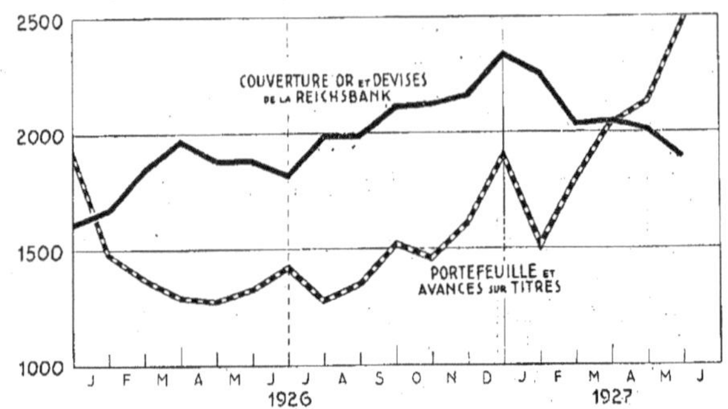

Portefeuille de la Reichsbank et couverture de ses billets (en millions de reichsmarks).

d. Politique de crédit de la Reichsbank. — Les deux courbes qu'indique le graphique ci-dessus, donnent une impression assez exacte de la façon dont il a été possible d'obvier à la diminution de l'encaisse or et devises, sans provoquer jusqu'à présent aucune limitation générale du volume des crédits. La courbe représentant la couverture tient compte seulement de l'or et devises garantissant l'émission des billets, telle qu'elle ressort des situations publiées quatre fois par mois par la Reichsbank et elle laisse nécessairement de côté les devises ne figurant pas dans les situations. En dehors d'une courte période au cours du printemps de 1926, la couverture s'est sans cesse accrue et, à certains moments, cet accroissement a été très rapide, comme par exemple, en décembre 1926. La diminution de la couverture a eu lieu en grande partie au mois de janvier et au mois de février 1927, et il y a eu encore une nouvelle réduction en mai. Les cinq mois de diminution compensent très largement les cinq mois d'augmentation qui ont précédé, et la couverture est maintenant légèrement inférieure à ce qu'elle était en juillet 1926. La seconde courbe, qui représente le portefeuille et les avances sur titres, tient compte des deux rubriques suivantes figurant dans les situations de la Reichsbank : « Traites et chèques » et « Avances sur garanties ». La Reichsbank a généralement porté un montant non déterminé de celles de ses devises non déclarées sous la rubrique « Traites et chèques ». Pendant l'automne de 1926, ce montant a été suffisant pour constituer vingt à vingt-cinq pour cent du portefeuille et des avances sur titres. A partir du début de 1927, les demandes de devises étrangères à la Reichsbank ont été telles que ces devises non déclarées ont été graduellement absorbées, mais le niveau général des avances consenties ne s'est pas abaissé de façon correspondante; au contraire, à part une diminution saisonnière au lendemain des fêtes de Noël, le volume des crédits de la Reichsbank a augmenté constamment et le portefeuille de traites et de chèques ainsi que les prêts sur garanties ont atteint, le 31 mai 1927, leur point culminant depuis la reconstitution de la Reichsbank le 11 octobre 1924. D'une façon générale, il semble que la Reichsbank ait remplacé par des crédits consentis à l'intérieur de l'Allemagne le montant total de l'or et des devises prélevé sur son encaisse ainsi que sur ses réserves de devises étrangères non déclarées. Tandis que l'encaisse or et les devises de la Reichsbank, déclarées ou non, sont inférieures d'un milliard environ à ce qu'elles étaient à la fin du mois de décembre dernier, le volume des crédits consentis par elle à l'intérieur de l'Allemagne dépasse approximativement d'un milliard le chiffre qu'il atteignait alors.

On a déjà eu l'occasion de signaler l'effet produit par la politique de crédit suivie par la Reichsbank sur l'ensemble de l'économie allemande. D'une façon générale, le stimulant apporté aux affaires par l'afflux prolongé de crédits étrangers a continué de se faire sentir, bien qu'une partie de ces fonds ait repris le chemin de l'étranger. Il reste à parler de la politique de crédit de la Reichsbank en tant qu'elle affecte le marché des valeurs.

Les cours des actions à la Bourse de Berlin ont monté, à quelques rares interruptions près, du début de 1926 à mai 1927. Cette hausse a été, en partie, le résultat d'un allègement progressif de la situation sur le marché de l'argent provenant, dans une large mesure, de l'afflux des fonds étrangers, soit sous forme d'emprunts, soit spécialement en vue de spéculations et de placements en Bourse. Cette hausse a été en partie aussi, surtout dans les débuts, le résultat d'un renouveau de confiance dans la capacité de rendement de l'industrie allemande. Mais, comme nous le disions dans notre précédent Rapport, les cours atteints par certaines des principales actions, même depuis novembre dernier, reflétaient « moins l'espoir de dividendes élevés, que les bénéfices éventuels qu'escompte la spéculation ». Et en fait, les cours de beaucoup d'actions qui ne rapportaient aucun dividende, montaient sans cesse. A la fin de 1926, le rendement moyen des dividendes des actions cotées à la Bourse de Berlin, aux cours alors en vigueur, était d'à peine 3 %. Par contre, le taux moyen de l'intérêt des obligations était de $7^1/_4$ à $7^1/_2$ %. Les fluctuations respectives du cours des actions et des obligations à la Bourse de Berlin (moyennes mensuelles) ressortent des graphiques suivants.

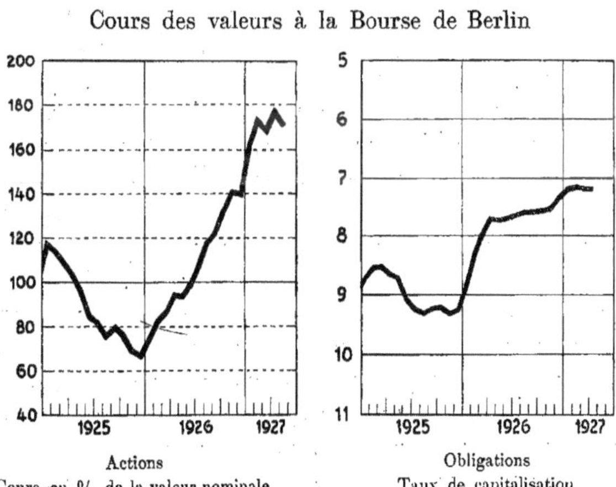

Cours des valeurs à la Bourse de Berlin

Actions
Cours en % de la valeur nominale
(Moyenne mensuelle)

Obligations
Taux de capitalisation
(Moyenne mensuelle)

La hausse rapide du cours des actions, qui s'est poursuivie pendant longtemps, loin d'être un signe de force, a été un élément de faiblesse pour l'ensemble de l'économie allemande. Elle attirait nécessairement sur le marché des crédits indésirables provenant de l'étranger, qui, après un certain délai, devaient être retirés de ce marché en même temps que les bénéfices réalisés par la spéculation. Ces bénéfices, quand ils sont transférés à l'étranger, entrainent nécessairement une perte sèche pour l'ensemble du crédit de l'Allemagne. La Reichsbank, en poursuivant sa politique relative au taux de l'intérêt, avait parfaitement conscience des inconvénients que présentait ainsi la spéculation sur le marché des actions. Elle s'est abstenue, pendant le second semestre de 1926, d'abaisser le taux de son escompte, afin de ne pas fournir un nouveau stimulant à la spéculation, et, lorsqu'elle a procédé enfin à cet abaissement le 11 janvier 1927, elle a maintenu, sans modification, à 7 % le taux des avances, dites avances sur garanties (Lombard), type d'emprunt souvent utilisé pour une brève période afin de pouvoir franchir les dates de liquidation. Néanmoins, l'abaissement du taux de l'escompte reflétait d'une façon si nette un allègement des conditions du crédit, qu'il devait renforcer et soutenir la hausse du cours des actions, qui a commencé à ce moment et qui s'est poursuivie au cours des mois de janvier et de février.

Vers la fin de mars, la Reichsbank avait complètement atteint son but qui était de reprendre contact avec le marché de l'argent. Elle possédait un portefeuille important qui s'accroissait sans cesse, une bonne partie de ses devises avait déjà été échangée contre des traites allemandes et le taux de son escompte était adapté aux autres taux du marché. A la fin d'avril, elle était en train de perdre le contrôle qu'elle avait ainsi acquis, non plus parce que, comme l'automne dernier, le taux de son escompte était supérieur à d'autres taux sur le marché de l'argent, mais parce que le taux de son escompte était devenu inférieur aux autres taux importants, à la seule exception du taux des traites hors banque. Que le taux de l'escompte de la Reichsbank dépassât légèrement le taux des traites, cela n'avait guère d'importance. En effet, le marché des traites reste largement sous l'influence de la Reichsbank elle-même et le taux pratiqué sur ce marché est déterminé, dans une forte mesure, par les cours d'achat de la Reichsbank.

Dans ces conditions, si la Reichsbank voulait éviter de perdre le contrôle du marché, elle devait, soit relever le taux de son escompte, soit tenter une intervention directe contre les personnes qui faisaient un appel exagéré au crédit. Elle s'est décidée pour le dernier procédé et a provoqué par le canal des banques de Berlin des mesures contre la spéculation sur le marché des actions, qu'elle rendait pour une large part responsable des conditions qui régnaient sur le marché de l'argent et qui, nous l'avons déjà dit, y attirait les capitaux étrangers à court terme. Si la Reichsbank a préféré agir ainsi plutôt que de relever le taux de l'escompte, c'est pour la raison suivante : un rétrécissement des crédits boursiers augmente les fonds liquides dont disposent les banques sans amener pour le commerce et l'industrie des difficultés en matière de crédits et sans provoquer une hausse générale du coût des crédits. Il semble que la Reichsbank se soit laissée guider aussi par l'idée qu'un relèvement du taux de l'escompte pourrait attirer de nouveau une quantité considérable de capitaux étrangers en Allemagne.

Le 12 mai, les grandes banques et les établissements financiers de Berlin, agissant conformément à la conception de la Reichsbank, ont décidé de restreindre d'une façon radicale les crédits boursiers et ont publié, le lendemain matin, le communiqué suivant:

« Les membres de l'association des banquiers de Berlin (dite « Stempel-vereinigung ») conviennent de réduire graduellement, mais sensiblement, le montant des crédits pour les reports et les avances sur titres. En conséquence, ils commenceront par réduire de 25 % les fonds mis à la disposition de la Bourse pour les reports et les fins ci-dessus mentionnées, à partir de la liquidation de la mi-juin; ils procèderont à d'autres réductions lors des liquidations ultérieures. Le même traitement sera appliqué à la clientèle. On attend des prêteurs qui ne font pas partie de l'association qu'ils prennent des dispositions analogues. »

La conséquence de cette annonce très nette de l'intention des banques a causé une baisse des actions qui a pris, au cours d'une journée, les proportions d'une panique. L'évolution ultérieure a été moins accentuée et, par moments, les cours se sont un peu relevés. Mais à la fin de mai 1927, le niveau général des cours des actions à la Bourse de Berlin n'était pas très différent de ce qu'il était à la fin de l'année 1926. L'importance de cette diminution ne ressort pas du graphique reproduit ci-dessus, parce que les chiffres de ce graphique sont des moyennes mensuelles: ainsi, les chiffres de mai représentent, en partie, les cours élevés du début du mois.

Il serait encore prématuré de dire si l'objectif général de cet effort, au point de vue des crédits, a été atteint ou non. En effet, les conséquences immédiates de la crise qui a eu lieu en Bourse peuvent avoir provoqué une extension purement temporaire des crédits. Mais à la fin de mai, les tendances qui se développaient depuis la fin de décembre se sont manifestées dans la situation de la Reichsbank. Il y a eu une nouvelle diminution de la couverture et une nouvelle augmentation considérable du portefeuille.

Il convient maintenant, avant d'en venir à l'étude des fonds des administrations publiques, de passer brièvement en revue les buts et les conséquences de la politique de crédit suivie par la Reichsbank jusqu'à présent, en 1927. Lorsque la Reichsbank a procédé à l'abaissement du taux de son escompte le 11 janvier 1927, elle a repris un contact temporaire avec les taux du marché qui étaient très sensiblement inférieurs au taux de l'escompte de la Banque. Les crédits étrangers avaient largement contribué à rendre le taux de l'escompte inefficace et, de l'avis du Président de la Reichsbank, ils avaient en outre la propriété suivante: ils créaient « une capacité non seulement de payer, mais d'effectuer des transferts » de réparations et constituaient « pour l'instant un avantage à des créanciers politiques au détriment des créanciers privés de l'avenir ». L'abaissement du taux de l'escompte ainsi que les mesures prises par le Ministre des Finances pour suspendre l'exemption d'impôt, en ce qui concerne les emprunts étrangers, ont eu pour conséquence d'arrêter à peu près entièrement, l'afflux des crédits à long terme provenant de l'étranger.

21

En même temps, toutefois, l'intérêt peu élevé que rapportaient les emprunts en Allemagne, d'une part, la facilité avec laquelle on pouvait emprunter de l'argent sur le marché intérieur, d'autre part, ont provoqué, dans une large mesure, des sorties de capitaux à destination de l'étranger. Ces sorties ont pris la forme, non seulement d'investissements, de crédits et de spéculations sur les marchés étrangers, mais elles se sont traduites aussi par une augmentation des importations, ce qui a constitué l'élément primordial du déficit de la balance commerciale. Le fait que ces fonds ont été retirés du marché allemand a eu une répercussion rapide et sensible sur les réserves de la Reichsbank, sur les cours des changes et sur le taux de l'intérêt. Le taux de l'escompte de la Reichsbank n'a pas suivi les autres taux dans leur hausse et le volume général des crédits n'a pas diminué, parce que la diminution des réserves de la Reichsbank a été compensée par une augmentation correspondante des crédits de cet établissement. En outre, les sorties de capitaux n'ont pas eu d'influence restrictive sur la spéculation en Bourse, parce que d'une part l'accès aux crédits de la Reichsbank a été limité uniquement par le montant disponible des traites susceptibles d'être réescomptées et parce que d'autre part l'argent étranger à court terme destiné à des placements d'une nature tout à fait transitoire a commencé à être offert à la Bourse.

En intervenant directement dans le but de diminuer l'usage des crédits boursiers, la Reichsbank a suivi une méthode quelque peu insolite de préférence au procédé employé plus fréquemment qui consiste à relever le taux de l'escompte. Toute mesure relative à l'escompte a été temporairement évitée surtout parce qu'un relèvement du taux de l'escompte aurait attiré des capitaux étrangers avec toutes les conséquences qu'implique un pareil afflux de capitaux. Mais en même temps, on a laissé le taux de l'escompte de la Reichsbank rester le taux le moins élevé en Allemagne, l'or et les devises ont continué de sortir et le volume des crédits de la Reichsbank a atteint son point culminant depuis la stabilisation. A la fin de mai 1927, tandis que l'encaisse or et devises de la Reichsbank demeurait largement suffisante pour garantir la proportion légale de 40 % de l'émission des billets de la Reichsbank, elle est tombée à un chiffre légèrement inférieur au pourcentage en question, si l'on tient compte des billets de la Rentenbank lesquels n'ont pas de couverture or qui leur soit propre et constituent une charge non déclarée affectant les réserves de la Reichsbank.

Les modifications dont il s'agit ont amené une phase nouvelle dans les conditions du crédit en Allemagne. La situation de la Reichsbank s'est sensiblement renversée par rapport à ce qu'elle était il y a six mois. Cet établissement disposait alors d'une encaisse or et devises considérable, elle est maintenant d'un montant peu élevé. Ses crédits étaient alors peu importants, ils sont maintenant considérables. Le taux de l'escompte de la Banque était inefficace alors et il l'est redevenu. Mais la différence est qu'en novembre, il était supérieur aux taux pratiqués sur le marché, tandis qu'en avril et en mai, il était inférieur à ces taux. L'importance du portefeuille de la Reichsbank lui donne toutefois sans aucun doute la faculté de recouvrer le contrôle du marché au moment où elle jugera nécessaire d'intervenir à cet effet, en vue de la protection de ses réserves; et elle a maintenant pris des mesures dans ce sens en ramenant le taux de son escompte à 6 % avec effet à partir du 10 juin 1927.

2. *Gestion des fonds des administrations publiques.*

Les rapports des fonds des administrations publiques et des entreprises quasi-publiques avec le marché de l'argent ont été pendant de longs mois un élément de complication et d'incertitude avec lequel la Reichsbank a dû compter pour sa politique de crédit. Parfois, l'offre qu'on faisait de ces fonds partout où ils pouvaient obtenir l'intérêt le plus élevé a suffi pour contrecarrer la politique de la Reichsbank et a largement contribué à rendre illusoire le taux de son escompte. A d'autres moments, un brusque retrait de ces fonds sur le marché a exercé une influence dans le sens opposé et n'a fait qu'accroître les difficultés. En général, les fonds des administrations publiques ont plutôt servi à accélérer les tendances du·marché de l'argent et ainsi leur rôle a été diamétralement opposé à celui que devrait jouer une caisse centrale.

La question des fonds des administrations publiques a fait l'objet d'un examen plus ou moins circonstancié dans chacun des quatre précédents Rapports. On sait que, pendant l'automne de l'année dernière, les fonds accumulés des administrations publiques, qu'il s'agisse du Reich, des États ou des communes, ont diminué d'importance par rapport aux périodes précédentes en ce qui concerne aussi bien leur volume que leur action sur le marché de l'argent. Toutefois, les fonds des organismes et des services publics continuaient d'être gérés, en premier lieu, en vue de la réalisation de bénéfices et sans aucune relation avec les conditions générales du crédit. A l'heure actuelle, la situation est, dans une certaine mesure, renversée : la question des fonds du Reich a repris une actualité nouvelle, tandis que quelques progrès ont été accomplis dans le sens d'une gestion plus logique des fonds appartenant aux entreprises quasi-publiques.

a. *Emprunt du Reich 1927.* — L'événement qui a soulevé une fois de plus la question de la gestion des fonds du Reich a été l'émission, en février 1927, d'un emprunt du Reich, d'un montant nominal de 500 millions de reichsmarks. Le Ministre des Finances avait reçu l'autorisation de faire face pendant un certain temps aux dépenses imputables sur le budget extraordinaire au moyen du produit d'emprunts. Mais les grandes facilités de la Trésorerie du Reich lui avaient permis d'éviter jusqu'alors de recourir à l'emprunt. Même au debut de 1927, bien que ses fonds liquides aient beaucoup diminué, le Trésor public n'avait à faire face à aucune nécessité pressante qui l'eût obligé d'émettre un emprunt d'un montant élevé ; au contraire, le produit de l'emprunt était destiné à un usage ultérieur et le montant de cette émission représentait la somme dont le Ministre des Finances estimait avoir besoin au cours de l'année 1927. La décision d'émettre un emprunt à long terme à cette époque fut motivée par la situation qui se présentait alors sur le marché de l'argent et à laquelle un communiqué officieux préalable à l'émission faisait allusion dans les termes suivants :

> « L'abaissement à 5°/₀ du taux de l'escompte de la Reichsbank et la situation satisfaisante du marché de l'argent ont amené le Ministre des Finances du Reich à saisir une occasion qui paraît être particulièrement favorable pour émettre un emprunt du Reich de 500 millions de reichsmarks, portant un intérêt de 5 °/₀. »

Sur le montant nominal de 500 millions, 300 millions ont été souscrits par un consortium de banques que dirigeait la Reichsbank et ont été offerts au public à 92.

Le reliquat a été réservé pour les souscriptions de divers organismes publics et semi-publics, y compris la Compagnie des Chemins de fer et l'Administration des Postes, à la condition que, pour l'instant, les titres de cette catégorie ne fussent pas négociés sur le marché. Les conditions d'émission stipulaient qu'il ne serait procédé à aucun tirage aux fins d'amortissement avant 1934 et que l'emprunt, dans son ensemble, ne pourrait être appelé au remboursement avant 1937 ; l'amortissement devait être terminé en 1959.

L'emprunt du Reich n'a eu qu'un succès nominal. Mais bien que la Reichsbank ait été à même d'annoncer, lors de la clôture, le 11 février, que la tranche de 300 millions avait été plus que couverte par les souscriptions ; ce résultat n'avait pu être obtenu qu'à l'aide des organismes publics et semi-publics. L'emprunt a été officiellement admis à la cote de la Bourse le 5 avril. Des mesures avaient été prises en vue de limiter les offres pendant les premiers mois après l'admission à la cote ; il avait été, en effet, stipulé qu'une certaine partie des titres vendus au public ne seraient pas négociables pendant six mois. Néanmoins, les offres en Bourse furent suffisantes pour faire tomber la cote au-dessous du cours d'émission, le lendemain de l'admission en Bourse. Pendant quelques semaines, l'emprunt fut maintenu à 90 grâce à une intervention officielle, mais, en mai, la cote fléchit encore légèrement à 89, par suite de la situation tendue du marché.

Le produit effectif de la tranche de l'emprunt offerte au public a été d'environ 270 millions de reichsmarks. Le Reich n'avait pas un besoin immédiat de fonds aussi importants, le Ministère des Finances en plaça un peu plus de la moitié à la Golddiskontbank contre intérêts, et le reliquat fut déposé à la Reichskreditgesellschaft et à la Seehandlung.

L'emprunt du Reich a soulevé de nouveau la question des fonds publics dans des conditions à peu près identiques à celles de 1925 et 1926, à cela près qu'une partie des fonds inemployés ont été placés à la Golddiskontbank qui, précédemment, ne se chargeait pas de dépôts. De cette façon, l'emprunt a contribué à faire renaître artificiellement une étape de l'histoire des finances publiques en Allemagne qui avait exercé une influence défavorable sur le marché de l'argent, sur les relations effectives de la Reichsbank avec le marché de l'argent et même dans un sens plus large sur la prospérité économique de l'Allemagne. On doit d'autant plus regretter ce résultat que le besoin de fonds du Reich, s'il y avait été fait face autrement, aurait pu ramener des relations normales entre la trésorerie et le marché de l'argent et aurait amorcé la solution définitive du problème des fonds des entreprises publiques. Suivant la pratique admise, le but que se proposait cet emprunt aurait été atteint d'une façon plus satisfaisante par un échelonnement d'offres de traites du Trésor dont l'émission aurait eu lieu dans le cas et au moment où on aurait eu besoin de fonds. Cette éventualité avait été envisagée il y a plus d'un an, lorsque l'application du programme de dégrèvements fiscaux faisait prévoir comme probable la diminution et la disparition finale de l'excédent des caisses du Trésor. Afin que le Ministre des Finances pût appliquer ce programme sans risque pour ses avoirs en espèces, une modification à la loi sur la Reichsbank fut proposée et votée ; elle fut mise en vigueur le 14 juillet 1926. En vertu de cette modification, la Reichsbank était autorisée à réescompter ou à acquérir les traites du Trésor du Reich à court terme que le marché remettait à cet établissement. Ainsi, le Reich s'assurait un marché pour les obligations à court terme qu'il viendrait à émettre.

La situation du marché de l'argent en Allemagne, en février dernier était particulièrement favorable à une émission de traites du Trésor. D'une part, le marché de l'argent à court terme était surabondant et le marché à long terme, d'autre part, commençait à manifester une certaine tension par suite des nombreuses émissions des mois précédents. Le marché des valeurs était en proie à une spéculation active, stimulée par l'afflux important de fonds qui cherchaient sur ce marché un placement à court terme. A cet afflux de fonds, venaient s'ajouter les capitaux provisoirement inactifs des entreprises publiques et semi-publiques. Si l'on admet que le Reich ait eu le moindre besoin d'emprunter à cette époque, une émission de traites du Trésor aurait eu pour effet non seulement de retirer du marché à court terme les fonds en excédent, mais encore d'offrir un placement commode et parfaitement liquide aux entreprises publiques, comme la Compagnie des Chemins de fer, par exemple, qui disposait de fonds en quête d'emploi. En outre, cette opération aurait laissé le marché à long terme mieux à même de satisfaire les besoins des autres emprunteurs.

En fait, cependant, l'emprunt du Reich a retiré du marché à long terme un volume exceptionnellement élevé de fonds, tout en obligeant le Reich à chercher pour ces fonds un placement temporaire sur le marché à court terme, ce qui aggravait la surabondance de capitaux sur ce marché. En outre, au lieu de simplifier la gestion des fonds des administrations publiques, cette opération a fait revivre un des éléments du problème qui était en voie d'élimination. Le moment viendra, sans aucun doute, où, par suite du décaissement de ces fonds par le Reich, la situation sera de nouveau ce qu'elle était en janvier dernier et où l'occasion se représentera d'élaborer un programme d'emprunts cadrant avec un règlement d'ensemble de la gestion des fonds des administrations publiques.

b. *Fonds des entreprises publiques et des entreprises quasi-publiques.* Les pratiques financières des entreprises publiques et quasi-publiques se sont peu modifiées depuis le dernier Rapport. Cependant, un arrangement intervenu à titre d'essai change quelque peu les habitudes de la Verkehrskreditbank; il mérite en conséquence d'attirer l'attention.

La Verkehrskreditbank, comme on l'a expliqué dans les Rapports précédents. appartient à la Compagnie des Chemins de fer allemands qui possède les trois quarts de son capital-actions. La Compagnie des Chemins de fer est, pour ainsi dire, le seul déposant de cette banque. Le 31 décembre 1926, les dépôts de la Verkehrskreditbank s'élevaient à 529 millions de reichsmarks contre 352 millions à la fin du mois de juin précédent. Les fonds de cette banque étaient déposés à nouveau dans d'autres établissements de crédit très divers ou bien ils étaient placés en effets escomptés. En outre, la banque exerçait la fonction pour laquelle elle avait été créée primitivement, à savoir, le financement des transports effectués à crédit.

Par suite de l'accumulation de fonds entre ses mains, la Verkehrskreditbank jouait un rôle considérable sur le marché de l'argent et, comme ses fonds étaient généralement gérés en vue d'un bénéfice, leur gestion contrecarrait fréquemment la politique de la Reichsbank. Les négociations qui se sont poursuivies entre la Compagnie des Chemins de fer et la Reichsbank, en vue d'établir un système de collaboration convenant aux deux parties, n'ont eu qu'un succès partiel.

L'arrangement provisoire, dans ses grandes lignes, laisse à la Verkehrskreditbank la gestion des fonds de la Compagnie des Chemins de fer en quête d'un placement à court terme; le reliquat, consistant en fonds non exigibles à bref délai, doit être déposé à la Golddiskontbank et rapporte un intérêt légèrement inférieur à celui que la Verkehrskreditbank eût été à même d'obtenir.

L'arrangement constitue un certain progrès dans le sens d'une gestion adéquate, étant donné qu'il tend à éliminer la Verkehrskreditbank du marché de l'argent ; mais il amène une complication nouvelle, car il y introduit la Golddiskontbank, et il sera soumis à une révision vers la fin de l'année en vue de faire place à une nouvelle convention plus satisfaisante au point de vue général.

Aucun progrès ne semble avoir été fait relativement à la Reichskreditgesellschaft. Les Rapports précédents ont déjà donné un résumé de son activité. Mais cet établissement ne fait paraître aucune publication relative à sa gestion en dehors d'un bilan annuel ; en conséquence, beaucoup de ses opérations demeurent invisibles. La Reichskreditgesellschaft appartient indirectement au Reich lui-même et il semble que, jusqu'à un certain point, elle serve de dépositaire pour les fonds du Reich ainsi que d'intermédiaire en vue d'effectuer d'autres opérations bancaires pour le compte du Reich. Elle continue, en outre, d'effectuer les opérations bancaires ordinaires en compétition avec les banques privées et aussi avec la Reichsbank elle-même dans la mesure où elle réescompte les effets des banques privées.

c. *Golddiskontbank.* — La Golddiskontbank, dont les actions sont entièrement en possession de la Reichsbank, a assumé une tâche qui ne lui incombait pas précédemment, lorsqu'elle est devenue dépositaire des fonds appartenant au Reich et à la Compagnie des Chemins de fer. En se chargeant de ces nouvelles opérations, la Golddiskontbank a fonctionné à titre d'instrument utilisé par la Reichsbank, non pas d'une façon permanente, mais plutôt comme un organe chargé pour un temps de placer sous le contrôle de la Reichsbank une partie des fonds des autorités publiques. Depuis juillet 1924, la Reichsbank a exprimé l'intention de liquider la Golddiskontbank et elle a toujours conservé cette intention. Mais elle désire en même temps élaborer un plan réalisable pour mettre la gestion des fonds des autorités publiques dans leur ensemble en harmonie avec sa politique de crédit.

La Golddiskontbank est entrée en fonctions le 16 avril 1924. Depuis ce moment, elle est exclusivement sous la direction des fonctionnaires de la Reichsbank et elle constitue, pratiquement, un organe de cet établissement. Tandis que la Loi sur la Banque limite avec soin les fonctions de la Reichsbank aux opérations qui conviennent à une banque centrale d'émission, l'existence d'un organisme séparé tel que la Golddiskontbank a permis à la Reichsbank de se servir de cette banque pour effectuer des opérations dont la Reichsbank ne pourrait se charger si elle agissait en son propre nom. Ces fonctions supplémentaires ont eu pour conséquence d'étendre l'activité de la Golddiskontbank dans un sens qui n'avait pas été envisagé lors de la fondation de cet établissement.

La Golddiskontbank avait été organisée en tant que banque d'émission, et c'est là une fonction qu'elle n'a jamais exercée. Au contraire, elle a pleinement réussi dans l'accomplissement de sa fonction subsidiaire qui était de consentir des crédits en monnaies étrangères au commerce extérieur allemand. Après la reconstitution de la Reichsbank en octobre 1924, cette fonction est devenue moins importante et la Golddiskontbank est entrée dans le stade de liquidation. Mais sa liquidation a été suspendue en mars 1925, en donnant pour motif qu'on avait besoin de cette banque pour stimuler le commerce extérieur de l'Allemagne qui se trouvait à cette époque dans des conditions extrèmement défavorables.

Au cours de 1926, les affaires de crédit à l'exportation de la Golddiskontbank ont de nouveau diminué, mais dans l'intervalle, elle avait assumé d'autres fonctions dans des domaines différents et, en conséquence, sa liquidation demeurait suspendue. Au début de janvier 1926, la Golddiskontbank a consenti à racheter à la Banque centrale de l'agriculture, la Rentenbankkreditanstalt, des obligations hypothécaires agricoles remboursables au bout de trois à cinq ans et portant un intérêt de 7 %, ce qui était sensiblement inférieur au taux alors en vigueur. Vers la fin de 1926, elle détenait pour 220 millions de reichsmarks de ces obligations. La Golddiskontbank possédant des avoirs propres considérables dont la plupart étaient susceptibles d'être réescomptés par la Reichsbank, les achats qu'elle a ainsi effectués ont fait peser une charge assez sensible sur les ressources dont elle dispose. C'est pourquoi elle a offert sur le marché en décembre 1926 ses propres billets à ordre connus sous le nom de « Solawechsel » et venant à échéance au bout de trois mois. Le montant des billets vendus à ce moment s'élevait à 72,6 millions de reichsmarks dont 50 millions ont été vendus à la Verkehrskreditbank pour le placement de fonds des chemins de fer. Cette opération atteignait un second but en retirant du marché à court terme, qui était saturé à cette époque, une quantité considérable de fonds. En janvier, 20,5 nouveaux millions de « Solawechsel » ont été émis, ils venaient à échéance en avril. A l'heure actuelle, ils ont été remboursés intégralement à l'exception de ceux que détient la Verkehrskreditbank et qui ont été renouvelés à la demande de cette dernière, ils viennent à échéance le 14 juin 1927.

L'acceptation par la Golddiskontbank de dépôts du Reich et de la Compagnie des Chemins de fer la dispense naturellement de continuer à placer ses billets à ordre sur le marché. Par ailleurs, la Golddiskontbank, en s'engageant à verser un intérêt sur ces dépôts, assumait l'obligation de réaliser avec les fonds dont elle disposait des bénéfices à l'aide desquels cet intérêt pourrait être versé. En conséquence, ses opérations ont été de plus en plus semblables à celles d'une banque ordinaire : d'une part, l'achat d'obligations agricoles et l'escompte de traites, d'autre part des dépôts productifs d'intérêt. Le 31 mai 1927, conformément à la situation qu'elle a publiée et où les résultats sont exprimés en livres sterling, son actif se composait de £ 7.900.000 de traites et chèques et de £ 14.000.000 de valeurs dont la plupart étaient des obligations de la Rentenbankkreditanstalt ; le passif comprenait £ 4.900.000 d'obligations au jour le jour, surtout des dépôts à vue, et £ 6.600.000 d'obligations soumises à un préavis, surtout des dépôts à terme.

La Reichsbank, en consentant à ce que la Golddiskontbank accepte ces dépôts productifs d'intérêt, a utilisé cette dernière pour une fonction qu'elle ne pouvait accomplir elle-même. La loi autorise la Reichsbank à recevoir seulement des dépôts qui ne sont pas productifs d'intérêt conformément à la règle générale selon laquelle une banque d'émission doit rester libre de régler sa politique d'escompte d'après la situation du marché et sans égard aux bénéfices à réaliser. Le Plan des Experts, en ses passages déjà cités dans le Rapport de l'Agent Général du 30 mai 1925, avait tout à fait envisagé cependant que les fonds des administrations publiques et des entreprises quasi-publiques seraient déposés à la Reichsbank, conformément au principe général qui veut qu'une banque d'émission ne puisse s'acquitter de ses fonctions en matière de crédit et de circulation à moins qu'elle n'ait le contrôle des fonds des autorités publiques.

L'arrangement stipulant que les fonds du Reich et de la Compagnie des Chemins de fer seront placés à la Golddiskontbank où ils porteront intérêt ne donne à la Reichsbank qu'un contrôle nominal sur la façon dont on dispose de ces fonds. Par l'entremise d'un organe auxiliaire, la Reichsbank a dû garantir d'une façon indirecte que ces dépôts seraient productifs d'intérêt. Une banque centrale d'émission ne peut, à la longue, garantir directement ou indirectement des intérêts aux fonds placés sous son contrôle et en même temps conserver la maîtrise de sa politique de l'escompte en ce qui concerne le crédit et la monnaie. Si un taux d'intérêt est garanti, on doit supposer que cet intérêt correspond à la réalisation des bénéfices, ce qui revient à dire que les fonds doivent être utilisés sans qu'on puisse prendre en considération ni la situation du marché, ni le fait de savoir si la politique de crédit de la Reichsbank favorise ou non le placement des fonds.

La Reichsbank considère l'utilisation de la Golddiskontbank comme n'étant qu'une solution partielle et intermédiaire du problème de la gestion des fonds des autorités publiques. La solution définitive ne peut se fonder sur les bénéfices que retirent certains organismes publics pris séparément du produit des intérêts ou d'autres sources ; mais elle doit tenir compte des avantages généraux que présente une politique uniforme du crédit pour l'économie allemande dans son ensemble. Il n'y a aucune raison juridique ni aucune raison de principe s'opposant à ce qu'une action administrative énergique amène une solution définitive du problème des fonds des autorités publiques sur une base susceptible de leur assurer un rendement raisonnable, non pas nécessairement de mois en mois, mais sans doute pour un certain nombre d'années, solution qui garantira en même temps un système compatible avec la politique de la Reichsbank, celle-ci demeurant, en fin de compte, responsable pour tout ce qui est du crédit et de la monnaie.

3. *Volume des crédits.*

Le volume des crédits, tel qu'il ressort des émissions placées sur le marché intérieur ainsi que des prêts et des dépôts des banques, a continué d'augmenter au cours de ces six derniers mois. Pendant ce semestre, plus que pendant toute autre période d'égale durée depuis la mise en vigueur du Plan des Experts, ce volume s'est accru sans le stimulant que donne un afflux d'emprunts étrangers. Au contraire, il y a eu un mouvement dans le sens de la sortie. A mesure que cette période s'avançait, surtout après l'émission de l'emprunt du Reich en février la faculté d'absorption des émissions à long terme a sensiblement diminué sur le marché intérieur et, à la fin du printemps, des mesures ont été prises en vue de faire de nouveau appel aux crédits étrangers.

Les forces qui ont régi les divers marchés de l'argent pendant les six derniers mois ont déjà été étudiées. Il reste à donner brièvement les chiffres relatifs aux phases essentielles de ce développement.

a. *Émissions.* — Jusqu'à présent, les emprunts étrangers contractés en 1927 n'ont guère été importants. Tandis qu'en 1926, l'Allemagne a emprunté à l'étranger pour un montant nominal de près de 1.700 millions de reichsmarks, pendant les quatre premiers mois de 1927, les emprunts contractés à l'étranger ont atteint moins de 94 millions. Une partie notable des emprunts de cette année a été la conséquence d'arrangements conclus par les banques l'année dernière et, à ce point de vue, elle ne reflète pas la situation du crédit en Allemagne à l'époque du placement de ces emprunts.

EMPRUNTS ÉTRANGERS (en millions de reichsmarks)	1925	1926	1er janvier au 30 avril 1927	Total
Emprunts des États	138,6	295,7	—	434,3
Emprunts provinciaux et municipaux	256,0	168,0	—	424,0
Emprunts d'entreprises publiques et d'entreprises mixtes	364,5	414,2	29,4	808,1
Emprunts d'entreprises privées	470,7	765,1	63,0	1.298,8
Emprunts de diverses organisations religieuses	25,1	47.1	1,3	73,5
Total	1.254,9	1.690,1	93.7	3.038.7

Les influences essentielles, qui ont amené une notable diminution des emprunts étrangers en 1927, ont déjà été exposées ainsi que les facteurs qui, à une date avancée du printemps, préparaient une reprise des emprunts à l'étranger. Le 3 juin, le Ministère des Finances a publié la déclaration suivante :

« Les conditions sur le marché de l'argent s'étant considérablement modifiées pendant les dernières semaines, par rapport à ce qu'elles étaient à la fin de l'année précédente, le Ministre des Finances du Reich a décidé d'examiner de nouveau les demandes individuelles en vue d'une exemption de l'impôt sur le revenu du capital pour les emprunts étrangers, et de recommander cette exemption en soumettant les demandes en question au Reichsrat et à la Commission des impôts du Reichstag si le produit des emprunts est destiné à des fins économiques productives et si les conditions desdits emprunts correspondent à la situation du marché de l'argent. »

La grande quantité d'emprunts à long terme émis en Allemagne contrastait avec le volume limité des emprunts étrangers émis pendant les quatre premiers mois de la présente année. Jusqu'au début de 1926, le marché pour les emprunts à long terme n'existait pour ainsi dire pas en Allemagne, mais au cours de l'année en question, les émissions officielles d'obligations et de bons à échéance variée atteignaient sur le marché intérieur un total de 960 millions de reichsmarks environ. En outre, des émissions d'un caractère moins officiel ont été annoncées, à concurrence de 380 millions environ, ce qui donne approximativement pour l'année un total de 1.340 millions valeur nominale. Pendant les quatre premiers mois de 1927, des obligations et des bons ont été offerts au public pour une valeur nominale supérieure à 700 millions de reichsmarks, soit plus de la moitié du total pour l'ensemble de l'année 1926.

EMPRUNTS ALLEMANDS (en millions de reichsmarks).	1926		1er janvier au 30 avril 1927		TOTAL
	d'après les prospectus d'émission	d'après d'autres sources	d'après les prospectus d'émission	d'après d'autres sources	
Emprunts du Reich ou de ses administrations	150,0	—	500,0 (1)	—	650,0
Emprunts des États	120,7	153,0	153,0	—	426,7
Emprunts provinciaux et municipaux					
Emprunts d'entreprises publiques et d'entre-	282,5	122,3	17,0	78,5	500,3
prises mixtes	158,7	55,0	—	10,0	223,7
Emprunts d'entreprises privées	251,9	47,3	132,0	21,8	453,0
TOTAL.	963,8	377,6	802,0	110,3	2.253,7

(1) Sur ce montant, 300 millions de reichsmarks seulement ont été offerts à la souscription du public, le reste a été acheté par des organismes publics ou par des entreprises appartenant à des organismes publics.

L'Emprunt du Reich émis en février, d'une valeur nominale de 500 millions de reichsmarks, sur lesquels 300 millions ont été offerts en souscription publique, a marqué un revirement dans le marché des émissions nouvelles. Cet emprunt, ainsi que nous l'avons déjà vu, n'a pas eu grand succès et il est descendu au-dessous de son cours d'émission peu de temps après avoir été admis à la cote de la Bourse. Il est à remarquer que, pendant les deux premiers mois de 1927, le montant des emprunts offerts à la souscription du public s'est élevé à 600 millions environ, mais que, pendant les deux mois suivants, le montant en question est tombé à 100 millions environ. En mai, il n'y a pour ainsi dire pas eu du tout d'émissions d'emprunts publics à long terme. Les emprunts des entreprises privées, comme il ressort du tableau ci-dessus, se sont élevés pendant les 16 derniers mois à 20% seulement du total. Le reste était représenté par des emprunts du Reich, des États, de leurs subdivisions politiques et des entreprises leur appartenant ou placées sous leur contrôle.

Outre les emprunts intérieurs figurant au tableau ci-dessus, il y a eu d'autres émissions importantes et variées. Ces émissions comprennent les émissions d'obligations hypothécaires, dites Pfandbriefe, émises par les banques hypothécaires et autres établissements de crédit foncier, qui sont vendues, de temps à autre, à des prix qui diffèrent selon la situation du marché. Au cours des quatre premiers mois de 1927, les banques hypothécaires et autres établissements de crédit foncier ont émis des obligations pour une valeur de 740 millions de reichsmarks. Pendant le dernier trimestre de 1926, ces émissions ont atteint 563 millions et, pendant toute l'année 1926, 1.703 millions de reichsmarks. On estime que les actions émises pendant les quatre premiers mois de cette année comprennent environ 527 millions de nouveaux capitaux contre 374 millions pendant le dernier trimestre de 1926 et 898 millions pendant toute l'année 1926.

b. *Crédits des banques privées.* — Sauf pendant une brève période d'interruption, au début de 1926, le volume des crédits, tel qu'il ressort des bilans de deux mois publiés par les banques privées, a continué de s'étendre depuis la stabilisation. Les relevés au 30 avril 1927, pour les six principales banques qui rendent compte de leurs opérations et qui, réunies, représentent environ les trois quarts de la puissance bancaire des établissements non publics en Allemagne, indiquent que les crédits ont augmenté, au cours des six mois qui se sont écoulés depuis le 31 octobre 1926 de plus d'un milliard de reichsmarks, soit d'environ 20 %. Les relevés publiés ne séparent pas les crédits de telle façon qu'on ne puisse voir quelle est la part de cette augmentation qui est due à des prêts en Bourse; l'augmentation de ces prêts a été la principale raison de la restriction des crédits opérée en mai, qui a précipité la baisse sur le marché des valeurs.

SIX BANQUES PRIVÉES (en millions de reichsmarks)	1er janv. 1924	31 oct. 1926	31 déc. 1926	28 fév. 1927	30 avril 1927
Caisse et avoirs dans les banques	565	912	1.048	950	1.032
Portefeuille et bons du Trésor	42	1.413	1.556	1.427	1.413
Prêts et avances	609	3.787	4.024	4.564	4.827
Comptes créditeurs (Gläubiger) principalement dépôts à terme et à vue	1.058	5.517	5.970	6.274	6.552
Engagements résultant d'acceptations	2	264	316	345	388

Le poste « Gläubiger », qui se compose surtout de dépôts à terme et à vue, a augmenté de 19 % depuis octobre dernier, ce qui fait un taux d'augmentation presque égal à celui des crédits. Les engagements des banques résultant d'acceptations ont augmenté, depuis octobre, de 125 millions environ, à savoir de près de 50 %. Mais le total reste très inférieur à ce qu'il était habituellement avant la guerre.

c. *Crédits des banques publiques.* — Le volume des emprunts des principales banques d'Etat semble suivre une évolution moins régulière que celui des emprunts des grandes banques privées dont les situations ont été résumées ci-dessus. Il y a eu peu de changement dans le volume des crédits des banques publiques pendant les mois qui ont précédé le 31 août 1926. Entre cette date et le 28 février 1927, les emprunts des banques en question ont sensiblement augmenté, mais pendant les deux mois suivants, il n'y a guère eu de modification. L'établissement de beaucoup le plus considérable parmi les banques auxquelles se rapporte le tableau suivant, est la Banque d'Etat prussienne, connue sous le nom de Seehandlung.

VINGT BANQUES D'ÉTATS ET DE PROVINCES, Y COMPRIS LA SEEHANDLUNG (en millions de reichsmarks)	30 avril 1926	31 oct. 1926	28 février 1927	30 avril 1927
Caisse et avoirs dans les banques	366	370	236	253
Portefeuille et bons du Trésor	443	380	414	491
Prêts et avances	1.187	1.346	1.570	1.481
Comptes créditeurs (Gläubiger) principalement dépôts à terme et à vue	1.962	2.058	2.239	2.247

Les prêts des Girozentralen, établissements centraux qui relient entre elles les diverses caisses d'épargne et banques communales, ont continué de s'accroître,

23*

tandis que les modifications dans les dépôts n'ont été que peu importantes. Cette disproportion apparente est due à l'habitude des Girozentralen de consentir des crédits à des conditions fixes sur le produit des emprunts à long terme.

QUATORZE GIROZENTRALEN (en millions de reichsmarks)	30 avril 1926	31 oct. 1926	28 février 1927	30 avril 1927
Caisse et avoirs dans les banques	224	201	289	252
Portefeuille et bons du Trésor...	161	165	172	153
Prêts et avances	1.121	1.267	1.472	1.503
Comptes créditeurs (Gläubiger) prin- cipalement dépôts à terme et à vue	1.198	1.098	1.239	1.187

Ni la Verkehrskreditbank, ni la Reichskreditgesellschaft, ne publient de relevés de leur situation, si ce n'est dans leurs rapports annuels. Les chiffres relatifs à ces banques sont donc omis.

d. *Épargne.* — Pendant les six mois prenant fin le 30 avril 1927, le volume des dépôts d'épargne en Allemagne, tels qu'ils sont publiés par les Sparkassen ou Caisses d'épargne, s'est accru de plus d'un milliard de reichsmarks. Les augmentations publiées chaque mois ont été supérieures à l'augmentation moyenne mensuelle de 1926 et, au cours des premiers mois de 1927, l'épargne s'est plus considérablement accrue qu'à aucun moment depuis la stabilisation. La presque totalité des dépôts d'épargne actuellement publiés a été accumulée pendant une période d'un peu plus de trois ans, mais elle ne représente encore que 20% du volume d'avant-guerre.

DÉPÔTS D'ÉPARGNE EN ALLEMAGNE (Chiffres des fins de mois en millions de reichsmarks)	Dépôts d'épargne	Augmentation mensuelle
1926 Moyenne..	2.434,0	121,8
1926 Novembre	2.956,1	124,2
Décembre	3.090,8	134,7
1927 Janvier	3.381,1 [1]	290,3 [1]
Février	3.572,8	191,7
Mars	3.718,8	146,0
Avril	3.854,0	135,2

[1] Y compris les intérêts.

On ne peut faire que des suppositions en ce qui concerne l'accumulation de l'épargne en dehors des caisses d'épargne, les chiffres faisant défaut. Les chiffres concernant les assurances sur la vie ne sont pas publiés régulièrement en Allemagne, mais, selon toute apparence, les compagnies d'assurance ont fait preuve d'une capacité plus grande d'acheter des obligations sur le marché. Le volume des emprunts à long terme émis pendant ces derniers mois traduit lui-même l'accumulation générale de l'épargne, y compris celle des caisses d'épargne, mais on en tire, sans aucun doute, des conclusions fortement exagérées.

B. MONNAIE ALLEMANDE.

La diminution de l'encaisse or et du portefeuille de devises de la Reichsbank n'a eu jusqu'à présent aucune répercussion sur le volume de la circulation monétaire. Au contraire, la circulation, pendant les six derniers mois, a continué d'augmenter, maintenant ainsi la tendance qui a prévalu depuis la stabilisation. Dans l'ensemble, l'augmentation de la circulation a été remarquablement constante et les périodes d'inactivité économique, les hivers de 1925 et 1926, par exemple, ont affecté la circulation en retardant le mouvement d'augmentation plutôt qu'en provoquant une réduction. En général, ainsi que l'illustre le graphique donné ci-après, l'augmentation a progressé de mois en mois et les variations hebdomadaires et saisonnières d'une année se sont répétées l'année suivante, mais de façon plus accentuée. Le maximum pour 1926 a été comme toujours atteint à la fin de décembre ; le total de 5.830 millions n'a pas encore été dépassé et il demeure légèrement inférieur au niveau considéré comme habituel avant la guerre, époque à laquelle le total de la circulation en Allemagne évoluait aux environs de 6 milliards.

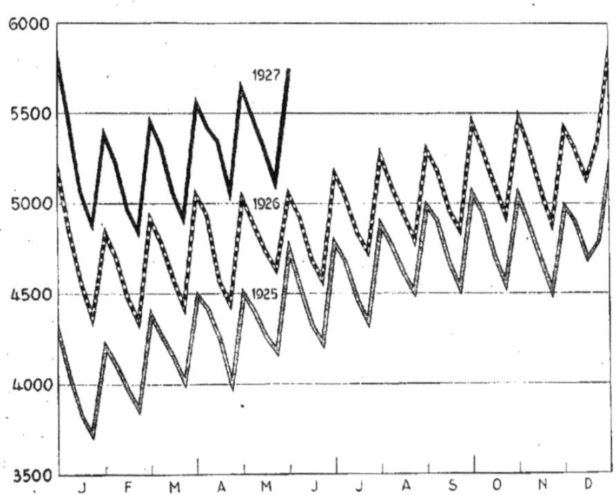

Total de la circulation monétaire en Allemagne (chiffres hebdomadaires en millions de reichsmarks).

Les billets de la Reichsbank ont nécessairement représenté le principal élément de fluctuation dans la circulation tant en ce qui concerne les variations hebdomadaires dans le volume de la circulation monétaire qu'en ce qui concerne l'augmentation d'une année à l'autre. La circulation de la Reichsbank a atteint, pendant les six derniers mois, un montant supérieur de 250 à 600 millions à la moyenne mensuelle de 1926. Outre cet élément d'augmentation, le Reich a encore émis des pièces divisionnaires dont le montant effectivement en circulation à la fin d'avril dépassait de 60 millions environ celui des six mois précédents. Une nouvelle demande de monnaie divisionnaire a résulté en 1926 du retrait des billets de la Rentenbank de un et de deux rentenmarks, et lorsque les coupures de 5 rentenmarks seront retirées de la circulation, il est probable que de nouvelles émissions de monnaies divisionnaires pourront être absorbées par le public. Mais le stock à la Reichsbank de monnaies divisionnaires non encore mises en circulation atteignait, à la fin de mai, 98 millions de reichsmarks, soit une légère réduction sur le stock de 115 millions qui s'y trouvait à la fin d'octobre 1926. Un stock de monnaies divisionnaires est nécessaire, jusqu'à un certain point, pour les besoins courants tant à la Reichsbank que dans ses agences, mais le stock actuel doit être considéré dans une large mesure comme surabondant. Dans ce sens, il représente, ainsi que nous l'avons indiqué dans notre dernier Rapport, un crédit non autorisé, non productif d'intérêts consenti au Reich par la Reichsbank. Une grande partie du stock consiste d'ailleurs en pièces de 50 pfennigs, impropres, le fait est reconnu, à la circulation. Ces pièces ne doivent évidemment pas figurer dans l'avoir de la Reichsbank et auraient dû être reprises, depuis longtemps, par le Gouvernement du Reich.

CIRCULATION EN ALLEMAGNE (Chiffres des fins de mois en millions de reichsmarks)	Billets de la Reichsbank	Billets de la Rentenbank	Autres moyens de payement ([1])	Total	Proportion des billets de la Rentenbank dans le total
1925 Moyenne	2.513,8	1.621,4	661,7	4.796,9	33,8
1926 Moyenne	3.132,0	1.290,4	832,7	5.255,1	24,6
1926 Novembre	3.374,5	1.199,0	867,5	5.441,0	22,0
Décembre................	3.735,5	1.164,0	930,2	5.829,7	20,0
1927 Janvier	3.409,6	1.108,1	893,4	5.411,1	20,5
Février...........	3.465,2	1.114,0	898,1	5.477,3	20,3
Mars......	3.588,7	1.095,5	905,1	5.589,3	19,6
Avril....................	3.676,2	1.060,2	936,4	5.672,8	18,7
Mai....................	3.719,2	1.033,2	939,6	5.692,0	18,2

([1]) Y compris les billets des banques privées d'émission dont le montant a varié entre 118 et 191 millions de reichsmarks; le reste se compose de pièces divisionnaires frappées par le Reich.

Ainsi qu'il ressort du tableau ci-dessus, les billets de la Rentenbank ont représenté, depuis le début de l'année, environ 20 % du total de la circulation en Allemagne ; ils représentaient 25 % en 1926 et 34 % en 1925. Ce changement est dû non seulement au plus grand volume de monnaie en général, mais à la réduction de la circulation des billets de la Rentenbank au rachat desquels il a été procédé depuis la mise à exécution du Plan. Jusqu'à la fin d'avril 1927, le total des rachats a atteint 980 millions de rentenmarks dont la valeur est égale à celle des reichsmarks. Sur ce total, 379 millions ont été rachetés au cours des six derniers mois, surtout au moyen du remboursement de 293 millions de rentenmarks, le 30 novembre 1926, somme qui représentait le montant des traites agricoles arrivant à échéance au cours de l'année en question. Il reste à effectuer un autre versement équivalent relativement aux traites agricoles venant à échéance le 30 novembre 1927.

Les billets de la Rentenbank représentent un élément artificiel de la monnaie allemande et, comme ils n'ont pas de couverture en or, ils constituent nécessairement une charge non déclarée sur les réserves-or de la Reichsbank. Jusqu'à présent, leur retrait a eu pour résultat une contre-expansion d'autres éléments de la circulation, principalement de billets de la Reichsbank, et il est vraisemblable que des retraits ultérieurs produiront les mêmes effets. Mais tant que ces billets existent, il faut en tenir compte lorsqu'on veut mesurer si les réserves de la Reichsbank sont adéquates. A la fin de mai 1927, époque où les réserves étaient réduites et la circulation élevée, la couverture en or et en devises de la Reichsbank était légèrement inférieure à 40 % de la circulation totale des billets de la Reichsbank et de la Rentenbank. Elle reflétait ainsi de façon fort sensible la diminution de l'encaisse or et devises qui a caractérisé la période envisagée.

VII. COMMERCE EXTÉRIEUR DE L'ALLEMAGNE.

La balance du commerce extérieur de l'Allemagne a éprouvé, au cours des six derniers mois, un de ces renversements qui ont marqué son évolution depuis deux ans et demi. Les chiffres officiels de l'Office de Statistique du Reich montrent que, pour l'exercice se terminant le 31 octobre 1925, il y avait un excédent d'importations de 4.509 millions de reichsmarks; dans l'exercice se terminant le 31 octobre 1926, il y avait un excédent d'exportations de 179 millions et, dans la période de six mois finissant au 30 avril 1927, il y a eu de nouveau un excédent d'importations de 1.563 millions. Les chiffres en question sont sujets à des rectifications, ainsi que nous l'expliquerons plus bas, mais, dans l'ensemble, les éléments essentiels demeurent sans changement.

Ces mouvements successifs en sens contraire de la balance du commerce des marchandises proviennent bien moins de modifications dans le volume des exportations que de très larges fluctuations qui se sont produites dans le volume des importations. Pendant la première des années qui ont suivi immédiatement la stabilisation, le besoin pressant de matières premières et d'autres produits en même temps que la faculté de disposer des crédits étrangers permettant de les acquérir, ont amené un afflux considérable de marchandises provoquant ainsi un excédent marqué d'importations. Les six premiers mois de l'année suivante ont été caractérisés par une crise industrielle et une dépression des affaires. Les crédits étrangers se sont accrus, mais la valeur des importations a diminué presque de moitié, en partie par suite de la baisse des prix. L'augmentation du volume des exportations qui avait été favorisée par la nécessité de procéder à des ventes a reçu un stimulant nouveau, du fait de l'arrêt du travail dans les charbonnages anglais. Il en est résulté, pour l'ensemble de l'année, un exédent d'exportations. Au cours de ces six derniers mois, au contraire, la nécessité de faire appel à l'étranger pour de plus grandes quantités de denrées alimentaires que d'habitude, en raison des récoltes défavorables de l'année précédente, a contribué à augmenter rapidement les importations. Mais les facteurs dominants ont été la reconstitution des approvisionnements et des stocks qui s'étaient vidés lors de la dépression de l'année précédente, et l'accumulation de matières premières ainsi que de produits semi-ouvrés en vue de faire face aux demandes croissantes de la consommation résultant de l'augmentation de l'activité industrielle et du pouvoir d'achat.

Ces importations considérables sont en partie nécessitées, sans aucun doute, par la consommation intérieure, mais, dans le cas d'un pays industriel tel que l'Allemagne, elles devraient, après le laps de temps voulu, se traduire par un accroissement des exportations. Toutefois, en l'absence de statistiques complètes de la production, de la consommation et des stocks, il est impossible de déterminer avec certitude ce qui se passe à ce point de vue. D'une façon générale, une production plus considérable de marchandises pour la consommation intérieure, en réduisant le prix de revient, devrait faciliter les exportations. Le mouvement général des prix des produits manufacturés, au cours de l'année écoulée, a effectivement manifesté une légère tendance à la baisse, mais l'amélioration des méthodes de production ne semble pas devoir se refléter rapidement dans des diminutions de prix, et celles qui se sont produites peuvent avoir été dues en partie à la baisse de certaines matières premières. Néanmoins, jusqu'à présent, les exportations de produits finis allemands qui se sont bien maintenues pendant la période de dépression n'ont encore manifesté aucune tendance à s'accroître et on peut toujours se demander dans quelle mesure les importations considérables de ces derniers mois, qui consistent surtout en matières premières, auront une répercussion sur l'accroissement des exportations de produits finis.

Le financement des exportations qui se sont accrues pendant les six derniers mois s'est effectué, en partie tout au moins, à l'aide des crédits étrangers qui ont si largement afflué en Allemagne en 1926. Dans la mesure où les crédits étrangers ont ainsi facilité l'acquisition d'un stock disponible de marchandises destiné aux échanges commerciaux de l'Allemagne avec l'étranger, l'opération dont il s'agit peut être considérée comme naturelle et saine. Mais on ne pourrait en dire autant si l'augmentation des exportations ne suivait pas l'augmentation des importations, ce qui semblerait indiquer que les crédits étrangers ont été principalement utilisés à financer la consommation intérieure.

L'Allemagne a réalisé des progrès au cours des six derniers mois en ce qui concerne la négociation de nouveaux traités de commerce. Les traités conclus avec la Suisse, la Finlande et la Lettonie, qui consentent ou confirment tous à l'Allemagne le traitement de la nation la plus favorisée, sont entrés en vigueur et l'accord provisoire avec la France est applicable jusqu'au 30 juin 1927. Le traité avec la Turquie a été ratifié par la loi du 15 mars 1927. Le traité complémentaire avec l'Italie a seulement apporté de légères modifications au traité existant. Le traité avec le Mexique a vu sa validité prolongée jusqu'à la fin de 1927. Des négociations sont actuellement en cours avec divers autres pays, notamment la France, la Pologne et la Tchéco-Slovaquie. Ces pays comptent parmi les voisins les plus importants de l'Allemagne et la conclusion de traités de commerce avec eux représenterait un facteur essentiel pour le commerce extérieur de l'Allemagne.

Les recherches de l'Office de Statistique du Reich l'ont amené à la conclusion que les chiffres officiels des évaluations sont trop élevés dans le cas des importations et trop bas dans le cas des exportations. Un récent fascicule de « Wirtschaft und Statistik », organe publié par l'Office de Statistique du Reich, constate que, conformément aux meilleures évaluations, les chiffres officiels doivent être amendés de la façon suivante : il convient de diminuer la valeur des importations de 5°/₀ pour 1924 et 1925 et de 3°/₀ pour 1926 ; il faudrait, d'autre part, augmenter la valeur des exportations de 1¹/₂ °/₀ pour chacune de ces trois années. Si l'on applique ces pourcentages aux chiffres donnés au début de ce chapitre et si l'on applique les pourcentages de 1926 aux chiffres de 1927, les chiffres primitifs et les chiffres modifiés sont les suivants, en millions de reichsmarks :

	chiffres primitifs	chiffres modifiés
Année se terminant le 31 octobre 1925, excédent d'importations	4.509	3.725
Année se terminant le 31 octobre 1926, excédent d'exportations	216	679
Période de six mois se terminant le 30 avril 1927, excédent d'importations	1.528	1.262
Total des deux ans et demi Excédent net des importations	5.821	4.308

On observera que ces légers pourcentages de rectification, si on les applique au volume considérable des exportations et des importations de l'Allemagne, apportent des changements très importants dans la balance commerciale. Pour la période de deux ans et demi se terminant le 30 avril 1927, les modifications opérées réduisent le déficit de plus de 1.500 millions. L'Office de Statistique du Reich n'a toutefois pas appliqué les pourcentages de rectification à ses propres chiffres officiels, de sorte que les tableaux et graphiques qui suivent sont fondés sur les chiffres officiels, mais sans rectification.

A. BALANCE COMMERCIALE.

Les excédents considérables d'exportations des premiers mois de 1926 ont diminué au cours de l'été et ils ont fait place au mois d'octobre à des excédents sensibles d'importations qui se sont accrus d'un mois à l'autre jusqu'en février 1927, date où l'exédent des importations atteignit 339 millions environ. Il s'est également maintenu à un niveau élevé en mars et en avril.

Le tableau suivant qui se base sur les chiffres officiels de l'Office de Statistique du Reich indique la marche du commerce extérieur des marchandises durant les six derniers mois, à l'exclusion du mouvement des métaux précieux et des exportations qui ont eu lieu au titre des livraisons en nature :

COMMERCE EXTÉRIEUR DE L'ALLEMAGNE par mois (en millions de reichsmarks)	Importations		Exportations		Excédent des importations
	Total	Moyenne journalière	Total	Moyenne journalière	
1913 Moyenne...............	897,5	29,5	841,4	27,7	56,1
1925 Moyenne...............	1.030,2	33,9	733,2	24,1	297,0
1926 Moyenne...............	833,4	27,4	815,3	26,8	18,1
1926 Novembre...............	1.004,3	33,5	869,4	29,0	134,9
Décembre	1.070,8	34,5	817,7	26,4	253,1
1927 Janvier	1.093,3	35,3	798,5	25,8	294,8
Février	1.092,2	39,0	755,8	27,0	336,4
Mars	1.085,1	35,0	841,2	27,1	243,9
Avril	1.096,4	36,5	797,0	26,6	299,4

Les fluctuations de la balance commerciale sont dues, ainsi que nous l'avons fait observer au début de ce chapitre, presque entièrement aux modifications qui se sont produites dans le volume des importations. L'augmentation des importations, depuis le printemps de 1926, a coïncidé avec l'expansion de l'activité économique, de même que la diminution précédente des importations avait accompagné la crise économique qui a marqué la période de dépression. La diminution du rendement des récoltes en 1926 par rapport à celui des récoltes de 1925 a eu pour conséquence, en outre, un accroissement des importations de denrées alimentaires. Pendant toute la période qui s'est écoulée depuis la stabilisation, le commerce extérieur de l'Allemagne a été soumis à des influences exceptionnelles, de telle sorte qu'il n'est pas encore possible de dire dans quelle mesure il est affecté par des circonstances saisonnières ou par ce qui peut être considéré comme les besoins normaux d'importations du pays.

Le cours des importations et des exportations de l'Allemagne de novembre 1924 à avril 1927 ressort du graphique suivant :

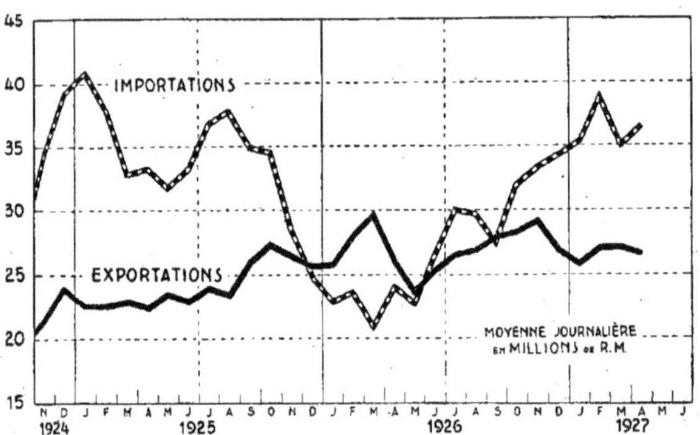

Commerce extérieur de l'Allemagne de novembre 1924 à avril 1927.

Les exportations qui sont financées en partie par l'Office de l'Agent Général, conformément aux Reparation Recovery Acts britannique et français, sont comprises dans les chiffres officiels des exportations. D'autre part, les livraisons en nature au titre des réparations n'y figurent pas, mais nous avons été informés qu'à partir du mois de mai, elles seront comprises dans les chiffres officiels. Le tableau suivant des payements faits par l'entremise de l'Office de l'Agent Général pour ces livraisons peut être considéré comme représentant, avec quelques modifications en ce qui concerne les dates, la valeur des marchandises exportées en plus de celles qui figurent dans le tableau et le graphique ci-dessus. Les chiffres sont exprimés en millions de marks-or.

1925 Moyenne	....	42,0
1926 Moyenne	....	51,8
1926 Novembre	....	37,6
Décembre	....	48,6
1927 Janvier	....	49,0
Février	....	43,6
Mars	....	49,9
Avril	....	48,7

B. ANALYSE DÉTAILLÉE DES IMPORTATIONS ET DES EXPORTATIONS.

Les denrées alimentaires et les matières premières constituent les deux catégories essentielles des impórtations de l'Allemagne, tandis que les produits finis ne sont qu'un élément peu important de ces importations. C'est exactement le contraire pour les exportations de l'Allemagne dont les produits finis constituent l'élément le plus considérable.

Le tableau ci-après donne le volume mensuel de ces trois catégories principales d'importations et d'exportations, dont la base est fournie par les chiffres de l'Office de Statistique du Reich. Une quatrième catégorie, les animaux vivants, est omise, parce qu'elle représente une part relativement insignifiante dans le total des importations et des exportations.

CLASSIFICATION DES IMPORTATIONS ET DES EXPORTATIONS DE L'ALLEMAGNE (en millions de reichsmarks)	Importations			Exportations		
	Denrées alimentaires et boissons	Matières premières et produits semi-ouvrés	Produits finis	Denrées alimentaires et boissons	Matières premières et produits semi-ouvrés	Produits finis
1913 Moyenne	234,0	523,3	116,0	89,1	189,5	562,2
1925 Moyenne	335,2	517,6	167,1	43,1	136,7	552,1
1926 Moyenne	297,6	412,3	113,6	39,7	194,3	580,4
1926 Novembre	337,2	506,8	145,5	59,8	230.5	578,3
Décembre	348,1	561,9	147,8	52,7	200,8	563,3
1927 Janvier	363,6	564,9	150,3	35,9	199,0	562,9
Février	337,0	579,4	162,3	27,7	186,4	541,1
Mars	311,4	588,1	171,2	31,3	208,7	600,3
Avril	336,1	555,5	190,2	28,3	171,2	597,0

25*

Les graphiques suivants montrent chaque mois le mouvement des importations et des exportations dans ces trois catégories de marchandises.

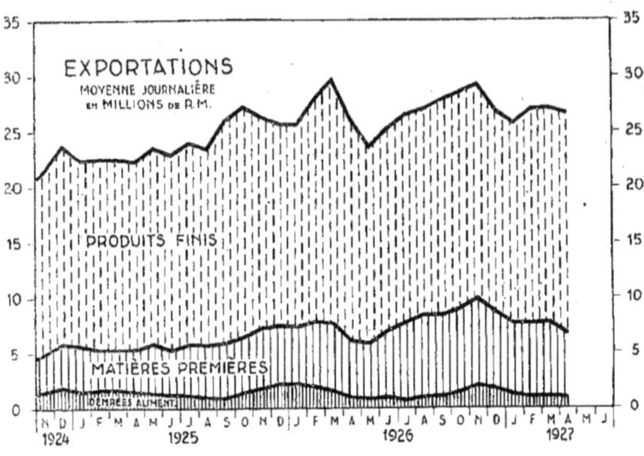

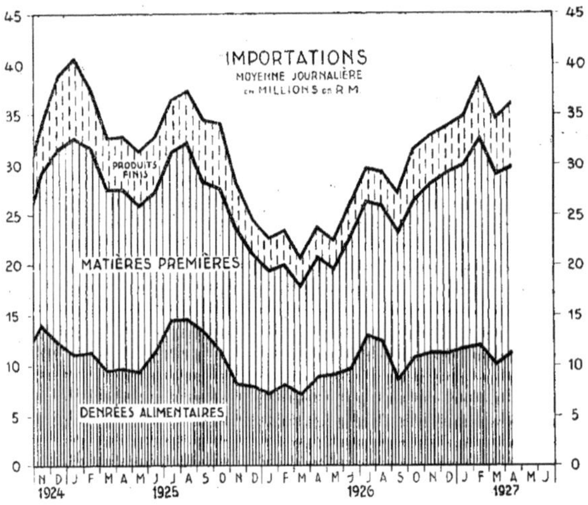

La comparaison du total des importations des six derniers mois avec celui de la période correspondante de l'année précédente, soit de novembre 1925 à avril 1926 donne le résultat suivant :

Les importations de toutes catégories ont augmenté de 2.090 millions, soit 48%.

Les importations de denrées alimentaires ont augmenté de 604 millions, soit 42%.

Les importations de matières premières ont augmenté de 1.087 millions, soit 48%.

Les importations de produits finis ont augmenté de 352 millions, soit 57%.

En raison de l'augmentation considérable de ces importations, les tableaux ci-après font ressortir le principales marchandises qui constituent les trois catégories essentielles des importations de l'Allemagne pendant les six derniers mois, avec les moyennes mensuelles pour 1925 et 1926 :

IMPORTATIONS DE DENRÉES ALIMENTAIRES, par mois (en millions de reichsmarks)	Céréales panifiables et farines	Avoine, orge et maïs	Lait, beurres et fromages	Fruits	Graisses, viande, charcuterie, etc.	Œufs	Légumes et riz	Autres denrées
1925 Moyenne ..	59,1	31,4	49,1	29,4	53,9	23,0	30,2	59,1
1926 „ ..	56,3	36,2	37,6	26,7	46,4	19,5	23,1	51,8
1926 Novembre .	58,1	54,5	38,5	42,2	54,3	19,3	14,6	55,2
Décembre .	50,3	59,3	37,4	45,0	49,5	22,0	19,7	64,9
1927 Janvier ...	47,3	60,0	33,4	33,3	52,6	21,9	9,4	105,7
Février....	46,2	61,8	41,6	33,6	44,8	25,0	13,5	70,5
Mars	50,2	55,5	34,9	31,6	41,4	16,7	18,4	62,7
Avril	72,4	56,0	40,0	27,7	44,0	24,3	19,2	52,5

Les importations de denrées alimentaires se sont accrues de 605 millions pendant les six derniers mois par rapport à la même période de l'année précédente en conséquence des maigres récoltes de 1926. Environ 350 millions de cette augmentation ont porté sur les céréales.

IMPORTATIONS DE MATIÈRES PREMIÈRES, par mois (en millions de reichsmarks)	Laine brute et cardée	Coton brut et cardé	Autres matières textiles	Cuirs et peaux	Graines et fruits oléagineux	Minerai de fer	Cuivre	Autres matières
1925 Moyenne	52,2	74,0	31,0	26,5	50,9	18,5	28,1	236,4
1926 Moyenne	49,7	49,8	21,0	20,1	50,9	14,6	18,8	187,4
1926 Novembre...	49,6	63,3	26,8	31,4	50,4	19,4	19,5	246,4
Décembre ...	68,7	84,2	28,3	25,8	49,7	25,9	26,1	253,2
1927 Janvier	67,6	80,9	27,7	35,1	52,1	23,4	20,6	257,5
Février	85,5	67,4	33,2	32,1	54,6	27,5	23,9	255,2
Mars	75,2	77,5	30,3	26,5	55,5	26,4	28,2	268,5
Avril	67,9	69,4	31,9	28,8	58,0	27,6	28,1	243,8

Les augmentations les plus importantes dans les importations de matières premières concernent celles qui sont destinées à l'industrie textile et aux industries du fer et de l'acier. Mais l'augmentation dans presque toutes les catégories, y compris une grande quantité de matières diverses, prouve l'importance des besoins actuels en matières premières.

IMPORTATIONS DE PRODUITS FINIS, par mois (en millions de reichsmarks)	Fils de coton, de laine et autres fils	Tissus	Soie artificielle et fils de soie	Ouvrages en fer, principalement tôles et fer en barres	Automobiles et motocyclettes	Cuirs et ouvrages en cuir	Couleurs, vernis et produits chimiques	Autres ouvrages
1925 Moyenne	58,1	28,1	7,4	12,8	5,8	8,8	9,3	36,8
1926 Moyenne	31,6	10,9	6,6	11,5	4,3	6,7	8,1	33,9
1926 Novembre ...	44,5	10,6	10,7	15,0	4,4	9,8	9,2	41,3
Décembre ...	43,8	11,6	9,8	17,4	3,6	9,8	10,6	41,2
1927 Janvier	45,5	17,2	10,0	17,1	3,3	10,1	10,7	36,4
Février	46,8	20,6	9,9	19,6	4,5	10,2	11,1	39,6
Mars	50,1	22,6	11,9	17,4	6,8	10,5	9,5	42,4
Avril	52,8	24,7	11,6	27,7	8,5	10,1	9,1	45,7

Une bonne moitié de la catégorie de marchandises classées sous la rubrique « produits finis », représente des matières qui doivent être soumises à un ou plusieurs procédés industriels avant d'atteindre le consommateur définitif.

Une comparaison des diverses catégories d'exportations pendant les six derniers mois avec celles de la période correspondante de l'année dernière, c'est-à-dire de novembre 1925 à avril 1926, montre que

Les exportations de toutes catégories ont augmenté de 14 millions, soit $^3/_{10}$ %.

Les exportations de denrées alimentaires ont diminué de 70 millions, soit 23 %.

Les exportations de matières premières ont augmenté de 197 millions, soit 20 %.

Les exportations de produits finis ont diminué de 110 millions, soit 3 %.

Les denrées alimentaires et les boissons constituent un élément si peu important dans les exportations allemandes qu'il ne semble pas nécessaire de donner ici un tableau en indiquant les principales catégories.

Les matières premières exportées comportent une vaste quantité de marchandises dont la plupart, ainsi que le montre le tableau suivant, n'ont pas une grande valeur. L'élément vraiment important est constitué par la catégorie charbon, coke et lignite, dans laquelle, cela va de soi, les exportations ont été grandement stimulées par l'arrêt du travail dans les charbonnages anglais. L'influence de cette crise sur les exportations allemandes s'est fait particulièrement sentir de mai à novembre 1926 et bien que ses répercussions touchent maintenant à leur fin, c'est néanmoins à elle qu'est due en grande partie l'augmentation de 225 millions dans la valeur du charbon, du coke et du lignite exportés pendant les six derniers mois, par rapport à la même période de l'année dernière. Le tableau suivant indique les principales catégories de matières premières exportées par l'Allemagne dont quelques-unes sont, de toute évidence, des réexportations.

EXPORTATIONS DE MATIÈRES PREMIÈRES, par mois (en millions de reichsmarks)	Charbon, coke, lignite	Produits chimiques	Coton	Laine	Fonte, riblons et autres fers	Fourrages	Pâte de bois	Autres produits
1925 Moyenne ...	34,6	19,3	10,3	11,5	4,3	7,6	4,1	45,0
1926 Moyenne ...	71,7	24,0	10,9	10,9	9,5	6,6	5,6	55,1
1926 Novembre ..	105,8	25,5	6,6	11,3	12,9	6,4	4,0	58,0
Décembre ..	76,0	24,3	9,3	10,9	12,9	5,7	4,8	56,9
1927 Janvier.....	74,6	28,6	7,6	10,4	12,1	4,5	5,6	55,6
Février	66,2	24,4	8,8	12,2	7,7	4,6	3,8	59,1
Mars.......	68,3	27,7	11,7	14,4	9,5	4,6	4,9	67,6
Avril	54,0	20,2	11,1	12,4	7,4	3,8	3,4	58,9

Les produits finis constituent l'élément prépondérant des exportations allemandes. Le volume total des produits finis exportés et le volume des catégories particulières ont été remarquablement stables, comme il ressort du tableau suivant:

EXPORTATIONS DE PRODUITS FINIS, par mois (en millions de reichsmarks)	Ouvrages en fer	Autres ouvrages en métal	Machines et locomotives	Machines électriques et articles d'électricité	Textiles	Couleurs et produits chimiques, y compris la potasse	Papier et ouvrages en papier	Autres produits
1925 Moyenne ..	103,4	27,5	49,1	26,7	110,1	57,6	25,6	152,1
1926 Moyenne ..	114,3	30,2	52,5	29,4	113,5	61,3	28,0	151.2
1926 Novembre .	113,8	30,7	48,2	37,9	101,6	64,1	27,2	154,8
Décembre .	115,3	31,5	55,0	30,4	100,6	58,7	26,6	145,2
1927 Janvier ...	129,4	29,5	49,1	28,5	98,3	68,1	25,6	134,4
Février ...	110,1	28,3	48,6	26,2	111,3	60,0	25,2	131,4
Mars	121,8	28,9	52,6	26,3	126,5	67,1	26,2	150,9
Avril	115,7	30,3	58,6	27,5	111,0	70,1	26,6	157,2

VIII. SITUATION ÉCONOMIQUE DE L'ALLEMAGNE.

Le rajustement de l'industrie et du commerce en Allemagne aux conditions créées par la stabilisation semble avoir atteint un stade assez avancé. Il n'y a guère que trois ans et demi que la stabilisation de la monnaie a été réalisée à titre d'expérience, et moins de trois ans se sont écoulés depuis que la situation est entièrement à l'abri de tout risque. Pendant cette période, les entreprises allemandes se sont engagées dans la voie de la réorganisation radicale et ont, en grande partie, mené à bien cette tâche dont nous avons longuement décrit les caractères principaux dans notre dernier Rapport. Vers l'automne de 1926, certains des problèmes les plus ardus du rajustement cédaient déjà à la pression exercée par l'accroissement de la production industrielle et par l'augmentation du pouvoir d'achat de la population ; par ailleurs, notamment en ce qui concerne la persistance opiniâtre du chômage, la situation était moins favorable et de graves difficultés demeuraient encore sans solution. L'assainissement économique a fait de nouveaux progrès depuis cette date. Le chiffre des chômeurs a subi une diminution qui ne s'explique pas uniquement par des causes purement saisonnières, et la production comme la consommation atteignent en général des chiffres plus élevés qu'à aucun moment depuis la stabilisation.

Il faut cependant faire une réserve importante : en effet, cette évolution favorable se rapporte exclusivement aux conditions intérieures et aux marchés nationaux. Il est tout naturel que les premiers fruits d'un processus de reconstruction aussi radical se manifestent par un affermissement de la situation à l'intérieur du pays et par une reprise de la consommation et des affaires en Allemagne. Mais, pour mesurer exactement la valeur de ce rajustement, il faut examiner également si le commerce et l'industrie de l'Allemagne sont en état de concurrencer à nouveau le reste du monde. Si les résultats obtenus jusqu'à présent n'ont eu pour effet que d'accélérer le rythme du commerce intérieur et d'en accroître le volume, on peut croire que ce rajustement est encore incomplet et que les avantages qu'il présente actuellement ne sont que transitoires. Cette situation peut même provoquer une évolution excessive du point de vue intérieur contenant en germe de nouvelles difficultés pour l'avenir. Mais si l'amélioration des marchés nationaux et l'accroissement de production qu'elle présuppose augmentent l'activité du commerce extérieur dans les deux sens, c'est-à-dire les exportations comme les importations, il deviendra alors évident que l'industrie allemande est prête à entrer en concurrence avec le marché mondial et on pourra dire que le processus de rajustement a été mené à bonne fin. Il est hors de doute que des entreprises particulières en Allemagne ont dès maintenant rempli ces conditions, mais il reste encore à savoir si l'industrie, dans son ensemble, est capable d'élargir ses débouchés à l'étranger.

A. ÉTAPES DU RAJUSTEMENT.

Les deux manifestations les plus aiguës de la crise des affaires et, d'une manière plus générale, du processus de rajustement, ont été les faillites et le chômage. La phase critique du marasme des affaires a été brève mais rigoureuse et, lors du dernier Rapport, le chiffre des faillites était déjà revenu plus ou moins à la normale. D'autre part, le chômage n'a pas cessé de constituer un problème social et économique de première gravité depuis la fin de l'automne de 1925. Le nombre des chômeurs a récemment diminué dans une proportion satisfaisante, mais le problème demeure toujours d'une importance considérable.

1. *Faillites et liquidations.* — Le nombre des faillites pendant les six derniers mois a été de beaucoup inférieur au chiffre qu'on regardait comme normal avant la guerre. Cette amélioration relative est due en partie à l'élimination rigoureuse dont certaines entreprises avaient déjà été victimes pendant l'hiver et le printemps de 1925-26 ; mais elle traduit également le retour à une situation plus aisée tant en matière de crédit que dans les affaires en général. Les maisons en déconfiture sont toujours en majorité des maisons de commerce plutôt que des entreprises industrielles. Le nombre d'entreprises placées sous contrôle judiciaire a suivi à peu près la même courbe que les faillites et ce chiffre a également atteint, à l'heure actuelle, un niveau relativement bas.

FAILLITES ET LIQUI-DATIONS, par mois	Faillites			Contrôles judiciaires		
	Total	Entreprises industrielles	Entreprises commerciales	Total	Entreprises industrielles	Entreprises commerciales
1913 Moyenne (anciennes limites territoriales) ..	815	—	—	—	—	—
1925 Moyenne	932	335	469	492	222	209
1926 Moyenne	1.023	322	521	653	217	321
1926 Novembre............	471	153	236	128	58	47
Décembre............	435	144	203	120	42	44
1927 Janvier	493	159	246	93	28	54
Février	473	131	246	132	44	53
Mars	557	173	253	132	47	68
Avril	421	108	227	123	39	57

Par opposition à la diminution du nombre des liquidations forcées, indiquée ci-dessus, le chiffre des entreprises mises volontairement en liquidation a continué à dépasser celui qui correspond à la création de nouvelles entreprises. La diminution nette pour toutes les catégories d'affaires a été, pendant le premier trimestre de 1927, de 4.606, contre une moyenne trimestrielle de 4.935 en 1926. Ce phénomène traduit, dans une certaine mesure, la tendance générale à la concentration qui a été décrite tout au long dans les Rapports précédents.

CRÉATIONS ET DISSOLU-TIONS D'ENTREPRISES	Sociétés par actions		Sociétés à responsabilité limitée		Sociétés en nom collectif, entreprises individuelles, etc.	
	Disso-lutions	Consti-tutions	Disso-lutions	Consti-tutions	Disso-lutions	Consti-tutions
1926 1er trimestre	693	56	5.369	1.703	6.243	3.139
2ème trimestre........	403	48	3.908	1.809	6.129	3.047
3ème trimestre........	289	52	2.013	1.390	5.174	2.794
4ème trimestre........	290	74	1.901	1.191	6.747	4.114
1927 1er trimestre	470	77	2.742	1.200	6.916	4.245
Diminution nette Janvier 1926—Mars 1927 inclusivement............	1.838		8.640		13.870	

2. *Chômage.* Les mesures radicales adoptées par les entreprises industrielles et commerciales allemandes en vue de réduire le coût de la production impliquaient, entre autres, une réduction très générale du personnel. Ces mesures, qui ont commencé à être sérieusement appliquées pendant l'automne de 1925, ont été au nombre des causes qui, conjointement à la crise des affaires, provoquèrent l'augmentation rapide du nombre des chômeurs pendant l'hiver 1925-26. Mais, tandis que la crise des affaires s'atténuait et que la production et le commerce se développaient, le chômage ne diminuait pas dans des proportions analogues. Le fait que le chômage a continué à être très important pendant tout l'hiver dernier, alors que l'activité industrielle allait croissant, est en partie la conséquence naturelle de la plus grande aptitude acquise par nombreuses branches de l'industrie allemande à produire davantage avec une main-d'œuvre moins importante qu'avant la réorganisation. Les ouvriers évincés par l'effet de cette réorganisation étaient, en grande partie, des ouvriers très peu qualifiés, d'un rendement minimum et auxquels il

était difficile de trouver un nouvel emploi. Certains appartiennent sans aucun doute à la catégorie d'ouvriers que l'on trouve dans tous les pays et qui, pour des raisons de vieillesse ou d'incapacité, trouvent difficilement du travail sauf pendant les périodes de grande activité. D'autre part, on annonce maintenant que, dans certains corps de métiers, comme par exemple dans l'industrie textile, où la production a augmenté très rapidement, on trouve rarement et difficilement le supplément de main-d'œuvre qualifiée dont on a besoin.

Néanmoins, la rationalisation industrielle n'est en aucune manière le seul facteur important du problème du chômage en Allemagne. Cette question est en elle-même extraordinairement compliquée et ne peut pas être jugée d'après des principes, ni résolue par des méthodes qui auraient pu suffire avant la guerre. On doit reconnaître que de nouveaux facteurs, issus de la guerre, dont beaucoup sont particuliers à l'Allemagne et dont certains sont en apparence contradictoires, jouent un rôle dans cette affaire. Parmi ces facteurs, on peut citer la généralisation dans l'industrie du travail des femmes, y compris les domestiques privées d'emploi par suite de l'appauvrissement de leurs patrons, l'obligation pour beaucoup de personnes de travailler, par suite de la disparition de leur revenu englouti par l'inflation, l'afflux d'ouvriers allemands provenant de territoires ayant appartenu antérieurement à l'Allemagne, la réduction des effectifs dans l'armée et la marine et le fait qu'un nombre exceptionnellement élevé de jeunes gens nés avant la guerre, alors que le chiffre des naissances était extrêmement important, atteignent l'âge de travailler. L'existence d'un nombre tellement étendu d'ouvriers sans travail pendant une période aussi longue a nécessité des mesures de secours extraordinaires et a entraîné l'élaboration d'un système complet d'assurance contre le chômage dont une brève analyse figure dans un chapitre précédent ; on espère que ce plan fera bientôt l'objet d'une loi.

En Allemagne, comme dans la plupart des autres pays, les chiffres exacts relativement au total des chômeurs font défaut, mais, en raison de l'expérience acquise par les services du Gouvernement chargés de l'octroi des secours, on dispose actuellement de chiffres officiels arrêtés au milieu de chaque mois ; on y trouve, du moins, le nombre des chômeurs touchant des allocations ordinaires et exceptionnelles. En vertu des lois actuellement en vigueur en Allemagne, les personnes sans travail peuvent, sous certaines conditions, recevoir des allocations ordinaires pendant une période ne dépassant pas 52 semaines ; elles peuvent, après cette date, toucher des allocations exceptionnelles pendant une nouvelle période. Outre les chômeurs régulièrement assistés, il y a, dans de nombreuses communes, d'autres catégories de salariés qu'on fait échapper au chômage en les embauchant pour des travaux exceptionnels aux salaires ordinaires. Les chiffres publiés par le Ministère du Travail du Reich, qui servent de base au tableau ci-dessous, indiquent le nombre des personnes secourues par les pouvoirs publics. Le nombre de ces personnes a atteint son maximum en janvier et en février lorsque, en tout état de cause, les circonstances saisonnières sont extrêmement défavorables sur le marché du travail. Une légère amélioration s'est manifestée en mars et, à l'approche du printemps, le chiffre des chômeurs a diminué rapidement. Mais il est encore élevé et, malgré les espoirs qu'autorise cette diminution, elle n'est cependant pas encore suffisante pour permettre de donner des assurances définitives au sujet de l'avenir.

PERSONNES SECOURUES PAR LES POUVOIRS PUBLICS (par milliers)	Allocations ordinaires	Allocations exceptionnelles	Travaux de secours
1925 Moyenne	465	—	(¹)
1926 Moyenne	1.693	—	128
1926 15 novembre	1.317	—	130
15 décembre	1.467	—	124
1927 15 janvier	1.840	138	104
15 février	1.761	193	126
15 mars	1.436	223	177
15 avril	983	234	177
15 mai (chiffres provisoires)	746	226	166

(¹) Compris dans le chiffre des allocations ordinaires.

Ces chiffres se rapportent aux chômeurs complets. Mais, dans toute période de chômage étendu, il y a habituellement une catégorie considérable d'ouvriers travaillant seulement une partie du temps normal et que l'on peut considérer comme des chômeurs partiels. Les seuls chiffres dont on dispose relativement au chômage partiel sont ceux qui figurent dans les statistiques des syndicats, publiées par le Ministère du Travail. Bien que ces statistiques ne se rapportent nullement à l'ensemble de la question, on estime cependant que les syndicats comprennent environ un tiers des ouvriers allemands et les conditions peuvent être considérées comme à peu près les mêmes pour les membres des syndicats que pour l'ensemble des ouvriers. Lorsque l'activité de l'industrie se ralentit, l'augmentation du nombre des ouvriers travaillant partiellement précède l'augmentation du nombre des chômeurs complets et, inversement, lorsque l'industrie reprend de l'activité, les ouvriers qui travaillent partiellement obtiennent généralement un travail régulier avant que l'on ne procède à de nouveaux embauchages. Le tableau ci-dessous fait ressortir une diminution constante des chômeurs partiels au cours des six derniers mois, tandis que le nombre des chômeurs complets ne suivait que de loin cette évolution et diminuait plus lentement. En même temps. les statistiques des syndicats indiquent des heures supplémentaires dans certaines branches de l'industrie. Les chiffres suivants font abstraction des données provenant des syndicats de mineurs qui ne se rapportent qu'aux quatre derniers mois.

MEMBRES DES SYNDICATS SANS TRAVAIL (chiffres mensuels en %₀ du total des membres des syndicats fournissant des indications)	Chômeurs complets	Chômeurs partiels
1925 Moyenne	6,75	7,48
1926 Moyenne	18,0	15,9
1926 Novembre	14,2	8,3
Décembre	16,7	7,3
1927 Janvier	17,2	6,9
Février	16,1	6,0
Mars	12,0	4,5
Avril	9,2	3,5

Les sources suivantes contiennent certains renseignements sur la profession des chômeurs : les chiffres publiés tous les mois par les syndicats montrant le pourcentage des chômeurs dans chaque catégorie, la liste mensuelle des professions des chômeurs secourus et les statistiques mensuelles concernant la profession des personnes qui s'adressent aux bureaux de placement pour chercher du travail. D'après les chiffres de février tirés de ces sources, il paraît évident que, tandis que les ouvriers non qualifiés constituaient le groupe de beaucoup le plus important, les catégories qui venaient immédiatement après ce groupe étaient le bâtiment, le vêtement, la métallurgie et l'industrie des machines. Une analyse plus détaillée nous conduirait trop loin ; contentons-nous d'indiquer qu'il semble que le chômage existe à un degré plus ou moins élevé dans presque tous les corps de métier et toutes les professions. Parmi les professions qui ont révélé l'amélioration la plus rapide pendant le mois suivant, il faut citer le vêtement et le bâtiment. Il y a eu également une diminution importante parmi les ouvriers non qualifiés, qui ne continuaient pas moins à former le groupe de beaucoup le plus considérable. Les ouvriers agricoles sans travail ne représentaient pas un des groupes importants, mais naturellement le chiffre de ces chômeurs a sensiblement diminué à l'approche du printemps. L'industrie textile, l'industrie du cuir et celle du bois ont enregistré pendant une longue période des diminutions sensibles du nombre des chômeurs.

B. VOLUME DE LA PRODUCTION (QUANTITÉS).

Il n'y a que très peu d'industries allemandes à mettre assez rapidement à jour les chiffres de leur production. Pour le reste de l'économie, des avis plus ou moins autorisés sont émis à l'occasion et parfois on voit paraître quelques chiffres, mais leur publication est si tardive que ces données n'offrent plus guère qu'un intérêt historique. Il faut espérer qu'à la longue on se rendra compte dans une plus large mesure de la valeur que présente la publication courante d'informations précises, mais, à l'heure actuelle, on dépend surtout à cet égard des chiffres relatifs à deux industries fondamentales, celle du charbon et du lignite d'une part, et celle du fer et de l'acier de l'autre. Dans les deux cas, le volume de la production pour chacun des six derniers mois a dépassé considérablement la moyenne mensuelle de la production de 1925 comme celle de 1926.

1. *Charbon et lignite*. La production de charbon en Allemagne, qui avait été nettement favorisée il y a un an dès le début de l'arrêt du travail dans les charbonnages anglais, s'est maintenue à un niveau élevé pendant tout l'hiver. La reprise de l'exploitation dans les charbonnages anglais et la réapparition graduelle du charbon anglais sur les marchés mondiaux ont réduit les demandes de charbon allemand faites par l'étranger. Néanmoins, la production est demeurée supérieure à celle d'il y a un an. Ce chiffre élevé est en partie fonction de l'appauvrissement des stocks lors de la fin de la grève anglaise, mais cet accroissement dans la production a coïncidé avec d'autres témoignages de l'activité industrielle de l'Allemagne.

PRODUCTION MENSUELLE DE CHARBON ET DE LIGNITE (en milliers de tonnes métriques)	Houille	Lignite	Houille et lignite exprimé par son équivalent en houille[1]
1913 Moyenne (anciennes limites du territoire du Reich)	15.842	7.269	17.458
1913 Moyenne (limites territoriales actuelles)	11.729	7.269	13.345
1925 Moyenne....................................	11.052	11.644	13.640
1926 Moyenne	12.114	11.594	14.690
1926 Novembre...................................	13.496	12.754	16.330
Décembre	13.783	13.197	16.716
1927 Janvier	13.356	12.465	16.126
Février	12.743	12.036	15.418
Mars	14.046	12.973	16.929
Avril	11.794	11.386	14.324

(1) Lignite converti au taux de 9 : 2.

Sur la base de l'extraction journalière moyenne. la production de charbon a manifesté une tendance à décroître au fur et à mesure que la campagne 1927 s'avançait. En fait, c'est en avril que le total de la production a été le plus bas depuis juin dernier. Le total de mars donne une impression légèrement exagérée par suite du nombre inaccoutumé de jours ouvrables de ce mois.

L'introduction de nouvelles machines et de meilleures méthodes a fait réaliser d'importantes économies d'exploitation. Le graphique ci-dessous montre, par exemple, que le nombre d'ouvriers de toutes catégories employés dans les charbonnages de la Ruhr est légèrement inférieur à celui de 1913, tandis que l'extraction journalière moyenne par ouvrier est plus élevée que celle de 1913.

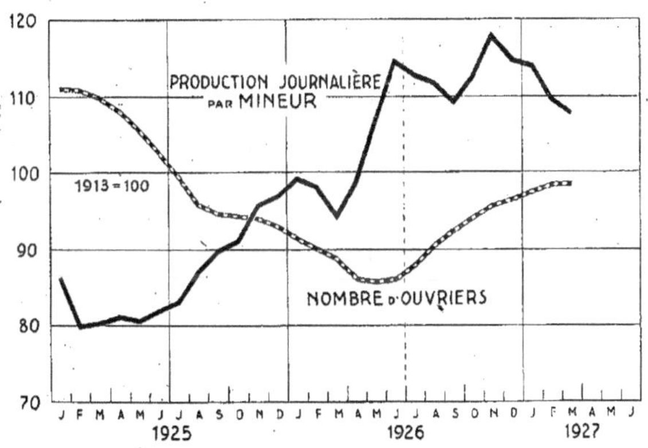

Nombre d'ouvriers occupés dans les mines du Bassin de la Ruhr et extraction journalière moyenne par mineur et par mois. (Pourcentages de la moyenne de 1913.)

Les exportations de charbon, de coke et de lignite ont sensiblement diminué depuis l'automne de 1926, date à laquelle elles ont atteint leur maximum sous l'influence de l'arrêt du travail dans les charbonnages anglais. Dans le tableau ci-dessous, les exportations de charbon et de lignite ont été converties en leur équivalent en houille. Les livraisons de réparations comprennent les livraisons effectuées en vertu de contrats au titre des réparations aussi bien que les livraisons directes aux Puissances.

EXPORTATIONS NETTES; LIVRAISONS DE CHARBON AU TITRE DES RÉPARATIONS; LIVRAISONS DE COKE ET DE LIGNITE EXPRIMÉS PAR LEUR ÉQUIVALENT EN HOUILLE (en milliers de tonnes métriques)	Exportations nettes	Livraisons au titre des réparations	Total des exportations nettes et des livraisons au titre des réparations
1926 Moyenne	2.954	1.265	4.219
1926 Novembre	4.217	894	5.111
Décembre	2.943	857	3.800
1927 Janvier	2.211	1.007	3.218
Février	2.216	962	3.178
Mars	1.960	1.101	3.061
Avril	1.158	1.255	2.413

2. *Fer et acier*. L'accroissement graduel de l'activité dans l'industrie du fer et de l'acier, qui a commencé il y a un an s'est poursuivi et, en avril 1927, la moyenne de la production journalière était plus élevée qu'à aucun moment depuis la stabilisation. La production de fonte en avril était supérieure de 24 % environ à la moyenne mensuelle de 1925 et la production d'acier dépassait la moyenne mensuelle de 1925 d'environ 27 %. Quoique les comparaisons avec la production d'avant-guerre, soit dans les limites territoriales actuelles du Reich, soit dans les limites territoriales d'alors, puissent naturellement faire l'objet de certaines réserves, il convient néanmoins de remarquer que la production actuelle d'acier en Allemagne soutient favorablement le rapprochement avec les chiffres de 1913, quelle qu'ait été la méthode de calcul suivie.

PRODUCTION MENSUELLE DE FER ET D'ACIER (en milliers de tonnes métriques)	Fonte	Acier
1913 Moyenne (anciennes limites territoriales)	1.397	1.429
1913 Moyenne (limites territoriales actuelles)	910	981
1925 Moyenne	841	1.016
1926 Moyenne	804	1.028
1926 Novembre	983	1.258
Décembre	1.065	1.303
1927 Janvier	1.061	1.309
Février	969	1.234
Mars	1.086	1.416
Avril	1.052	1.288

Les hauts-fourneaux, dont le rendement atteignait en décembre, janvier et février, environ 65$\frac{1}{2}$ % de leur capacité maxima, ont porté leur rendement en avril à 68,7 % de cette capacité.

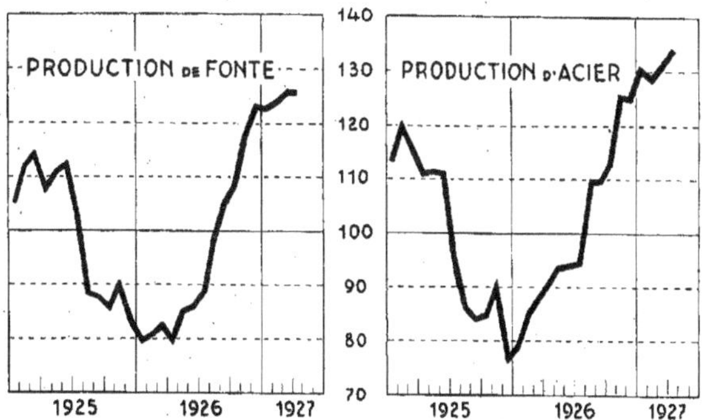

Production de fer et d'acier en Allemagne.
(Moyenne quotidienne pour chaque mois en pourcentages de la moyenne quotidienne de 1925.)

Le volume croissant de la production d'acier en Allemagne ainsi que la création du cartel international de l'acier dont il est question dans notre dernier Rapport ont provoqué une modification de la pratique suivie par le Syndicat allemand de l'acier brut en vue d'exercer un contrôle sur la production de ses membres. Auparavant, le Syndicat allemand de l'acier brut (Rohstahlgemeinschaft) publiait périodiquement certains pourcentages destinés à réduire les contingents de base attribués à ses membres. En décembre 1926, par exemple, le pourcentage de réduction avait été fixé à 20, mais la plupart des fonderies ont produit en réalité leur contingent plein ou l'ont même dépassé. A la place de ce système, les limitations imposées à la production dépendent désormais directement de la part allouée à l'Allemagne dans le programme général de contingentement établi par le cartel international. Ces programmes sont établis par trimestre et la part réservée à l'Allemagne est répartie entre les divers producteurs, conformément à leur participation à la Rohstahlgemeinschaft. Pendant le premier trimestre de 1927, le programme du cartel international a été réduit de 1.500.000 tonnes, en partie parce qu'on présumait que le réveil de la concurrence anglaise aurait une répercussion sur les débouchés ouverts à l'acier produit dans le reste de l'Europe. Le programme du second trimestre a été ramené à 29.287.000 tonnes, chiffre du dernier trimestre de 1926. L'Allemagne a considérablement dépassé la part qui lui était attribuée dans le programme international, à la fin de 1926 comme au commencement de 1927, et, en conséquence, les producteurs allemands ont été tenus de reverser des sommes importantes à la caisse du cartel international.

Malgré l'augmentation de la demande, le prix de la fonte n'a pas subi de changement; ce prix a été constamment fixé à 86 reichsmarks la tonne (chiffre d'Essen) depuis octobre 1925. Le prix des riblons d'acier a augmenté presque sans interruption, de 47 reichsmarks la tonne en mai 1926 à 66 reichsmarks la tonne au début de décembre 1926. Il est tombé à 59,5 reichsmarks la tonne au cours de février et pendant la première partie de mars pour se relever ensuite à 64,50 reichsmarks la tonne.

3. *Textiles.* D'après l'indice élaboré par l'Institut für Konjunkturforschung, la production des textiles a révélé une tendance presque continue à s'accroître

depuis le mois de juillet 1926 qui a marqué le minimum d'activité dans ce domaine au cours de l'année en question. L'indice a été établi sur la base de chiffres publiés par un certain nombre de syndicats du textile et il se rapporte seulement à la production des filatures et des tissages de coton et de lin. En avril, l'indice était de 117,5 contre 110,5 en janvier de la présente année et 76,6 en juillet de l'année dernière. Dans le tableau suivant où figurent les indices des six mois qui viennent de s'écouler, on a pris pour base de comparaison les chiffres de juillet 1924 à juin 1926 représentés par 100:

1926	Moyenne	90,8
1926	Novembre	106,2
	Décembre	110,8
1927	Janvier	110,5
	Février	114,9
	Mars	117,1
	Avril	117,5.

Le nombre de broches utilisées dans les filatures de coton d'Allemagne a augmenté de 420.000, soit 4 %, au cours de la période de six mois allant du 31 juillet 1926 au 31 janvier 1927. Le total des broches à cette dernière date était de 10.900.000.

4. *Potasse.* Les ventes de potasse effectuées par le Syndicat de la potasse et qui correspondent assez exactement dans l'ensemble à la production ont été plus élevées au cours des derniers mois que pendant les mois correspondants de l'année passée. Le chiffre total pour la campagne des engrais allant de mai 1926 à avril 1927 a dépassé d'environ 8 % ceux des douze mois précédents. Les chiffres figurant au tableau suivant indiquent les ventes totales, en milliers de tonnes métriques, et sont exprimés par leur équivalent en potasse pure pour la campagne mai—avril.

1923-24	911
1924-25	1.143
1925-26	1.124
1926-27	1.212.

C. RENDEMENT DE L'AGRICULTURE.

Par suite de la situation décrite dans le dernier Rapport, les chiffres définitifs de la récolte de 1926 ont été très nettement inférieurs à ceux de 1925. Les céréales panifiables, qui ont une répercussion importante sur les besoins d'importations de l'Allemagne ont eu un rendement inférieur dans l'ensemble d'environ 20 % à celui de 1925, mais néanmoins supérieur d'environ 10 % à la récolte médiocre de 1924. La récolte de pommes de terre, qui est employée à des fins industrielles comme à des fins alimentaires, a été sensiblement plus restreinte que celle de chacune des deux dernières années. Les chiffres ci-dessous, tirés des données officielles définitives qui ont été publiées en décembre, sont très nettement inférieurs aux évaluations du 1er août 1926.

RENDEMENT DES RÉCOLTES (en milliers de tonnes métriques)	Blé d'hiver	Blé d'été	Seigle d'hiver	Seigle d'été	Orge d'été	Avoine	Pommes de terre
1924	2.091	337	5.584	146	2.187	5.654	36.402
1925	2.976	241	7.965	98	2.282	5.585	41.718
1926	2.355	242	6.321	85	2.131	6.325	30.031

Les données dont on dispose sur la nature de la récolte de 1927 sont encore trop fragmentaires pour permettre aucune prévision au sujet de son rendement probable. Néanmoins, le Gouvernement et les organisations privées s'efforcent d'accroître la récolte, dans l'espoir d'affranchir davantage l'Allemagne de la nécessité des importations de l'étranger.

D. LE LOGEMENT ET L'ACTIVITÉ DANS L'INDUSTRIE DU BÂTIMENT.

Toute la question des habitations et des loyers a été l'un des problèmes sociaux et économiques d'après guerre les plus difficiles à résoudre pour l'Allemagne. La réglementation protectrice, qu'il a fallu établir pour parer aux pires effets de la crise du logement, a eu pour conséquence de décourager l'industrie privée du bâtiment et a probablement retardé par là la solution de la difficulté. En outre, ce retard même apporté à la construction a sans aucun doute réagi sur le relèvement général des affaires en Allemagne.

Comme beaucoup d'autres pays, l'Allemagne souffre du manque de logements par suite de la guerre; cette crise y est plus accentuée encore que dans quelques autres pays, parce que, même avant la guerre, les logements en Allemagne étaient insuffisants. Le remède à la situation n'a été apporté que lentement, et le nombre annuel des nouvelles constructions au cours des années d'après-guerre a été moindre que le chiffre d'avant-guerre. Les évaluations portant sur cette disette de logements varient largement, mais il sera sans doute nécessaire de construire pendant plusieurs années beaucoup plus qu'à l'heure actuelle si l'on veut rétablir l'équilibre entre l'offre et la demande.

En Allemagne, comme ailleurs, il a été estimé nécessaire de contrôler les relations entre propriétaires et locataires pendant la guerre, et à mesure que progressait l'inflation, la réglementation gouvernementale est devenue plus stricte. Les États et les communes ont imposé des limites au taux des loyers, protégé les locataires d'autres façons encore et restreint la liberté des propiétaires d'immeubles en ce qui concerne l'utilisation et la disposition de leurs biens. En mars 1922, le Reich est intervenu et a voté une loi prévoyant la fixation effective d'un taux légal des loyers pour le pays tout entier. Mais la hausse des loyers autorisée par la loi fut loin de marcher de pair avec la dépréciation de l'ancien mark et, en décembre 1923, à la fin de la période d'inflation, on estime que le niveau des loyers n'atteignait que 20 % environ de celui d'avant-guerre. Le Reich n'a pas mis fin à son contrôle lorsque la monnaie s'est stabilisée, mais, par des lois et des décrets successifs, il a prévu au contraire que le prix des loyers devrait rester uniforme dans tout le pays. On a néanmoins admis que les loyers devaient être relevés progressivement et le 1ᵉʳ juillet 1926 fut fixé comme date à laquelle le taux des loyers reviendrait aux prix d'avant-guerre. Il fut stipulé en même temps que ce niveau ne serait pas dépassé avant le 31 mars 1927. Le dernier décret du Reich, du 11 mars 1927, prévoyait que les loyers soumis au contrôle atteindront 110 % du niveau d'avant-guerre à partir du 1ᵉʳ avril 1927, et 120 ₀/₀ à partir du 1ᵉʳ octobre. Bien que ces loyers plus élevés fixés par les autorités soient encore, si on les compare aux loyers d'avant-guerre, sensiblement inférieurs au niveau général des prix et du coût de la vie, cette augmentation représente néanmoins un progrès dans le sens d'un retour à la liberté qui permettra aux loyers de retrouver leur niveau normal.

En attendant, le Reich, les États et les communes ont fait maints efforts pour stimuler l'industrie du bâtiment. Des subsides ont été consentis, la construction a été encouragée au moyen de prêts à des taux d'intérêts avantageux. Le Reich seul a affecté 200 millions de reichsmarks en 1926/27 à des prêts de cette nature. D'ailleurs, pendant les deux ou trois dernières années, nombre de nouvelles habitations ont été construites grâce à un concours financier, tiré d'un fort impôt sur les loyers perçu en vertu du troisième décret-loi relatif aux impôts du 14 février 1924. Ce programme de constructions subventionnées n'a cependant pas réussi à apporter un allègement suffisant, et, bien que les habitations achevées depuis le 1ᵉʳ juillet 1918 ne soient pas soumises au contrôle officiel des loyers, les capitalistes privés ont hésité à entrer en concurrence avec les entreprises de constructions subventionnées à l'aide des fonds des autorités publiques.

Le nombre de nouvelles constructions autorisées, ainsi que celui des constructions achevées, a fait dernièrement ressortir une tendance à s'accroître ; il est actuellement de beaucoup supérieur à ce qu'il était il y a un an. Les graphiques ci-après, empruntés à des documents publiés dans « Wirtschaft und Statistik », mettent en lumière le mouvement comparé.

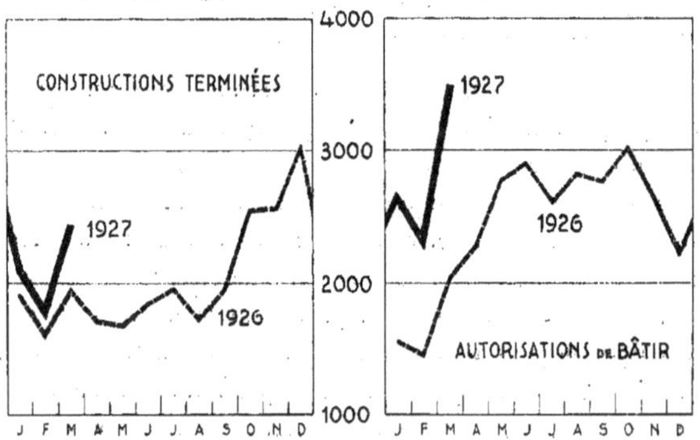

Augmentation nette du nombre des constructions (excédent des constructions terminées sur les bâtiments détruits) et nombre mensuel des autorisations de bâtir dans 90 villes de plus de 50.000 habitants.

E. COMMERCE INTÉRIEUR.

Les statistiques portant sur le commerce intérieur et l'activité économique sont encore fragmentaires et ne donnent que de maigres renseignements, dont il n'est pas possible de tirer des conclusions générales. Cependant, tous les chiffres connus indiquent que le commerce intérieur, jusqu'à l'heure actuelle en 1927, a atteint un volume considérablement supérieur aux moyennes soit de 1925, soit de 1926.

1. *Trafic ferroviaire.* — Pendant les quatre premiers mois de 1927, le trafic des marchandises sur les chemins de fer allemands a été de 20 % environ supérieur à la période correspondante de 1926 qui a été une période d'inactivité marquée. Pendant l'été et l'automne de 1926, le trafic des marchandises a bénéficié d'une impulsion exceptionnelle et d'un accroissement des expéditions de charbon par suite de l'arrêt du travail dans les charbonnages anglais. Cette cause particulière a disparu en grande partie vers la fin de l'année, lors de la reprise de l'exploitation des charbonnages en Angleterre. Depuis ce moment, le nombre des wagons chargés de charbon a tendu à diminuer, mais il est encore de 15 à 20 % supérieur au chiffre de l'année dernière ; cette situation est due en partie à la nécessité de reconstituer les stocks de charbon, mais surtout à l'activité plus grande qui se fait sentir dans l'industrie. Néanmoins, le charbon ne représente qu'une partie dans l'augmentation totale du trafic des marchandises. Le mouvement général des marchandises, tel qu'il ressort du graphique ci-après, représente un volume sensiblement plus grand que celui des années antérieures, tout en accusant, ainsi qu'on peut s'y attendre, des influences saisonnières analogues.

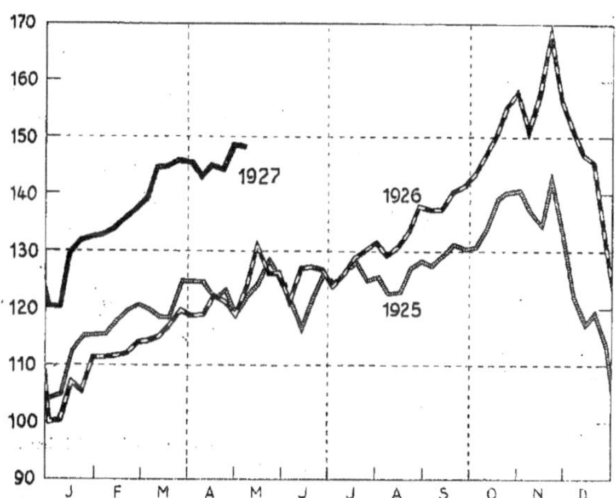

Nombre de wagons de marchandises mis à la disposition de expéditeurs.
(Moyenne journalière pour chaque mois, en milliers de wagons.)

Les recettes hebdomadaires brutes de la Compagnie des Chemins de fer allemands ont montré une tendance assez analogue à celle du volume du trafic des marchandises et elles sont, depuis le premier jour de l'année, de 15 à 20 % supérieures à ce qu'elles étaient il y a un an. Les recettes nettes provenant du seul trafic des

marchandises pendant les quatre premiers mois de cette année ont dépassé de 28 %
environ celles de la même période de 1926. Toutefois, les recettes nettes provenant
du trafic des voyageurs n'ont été que légèrement supérieures à celles de l'année
précédente.

On trouvera un exposé plus détaillé du trafic ferroviaire dans le rapport du Commissaire des chemins de fer allemands.

2. *Compensations.* — Les transferts de capitaux au moyen du système des
chèques postaux largement utilisé pour le règlement de comptes peu importants,
en particulier pour le commerce de détail, ont été relativement élevés depuis septembre 1926. L'augmentation marquée qui a commencé à ce moment et qui s'est
poursuivie depuis lors à l'exception de variations saisonnières, a résulté en un
volume de transferts de 15 à 20 % supérieur au niveau des périodes antérieures
correspondantes auxquelles il peut se comparer. On ne peut toutefois se fier
entièrement au chiffre des chèques postaux comme indice général de la situation
économique, étant donné, ainsi que cela ressort du graphique ci-après, que les
chiffres relatifs au trafic des chèques postaux pendant les huit premiers mois de
1926 ont étroitement coïncidé avec les chiffres des huit premiers mois de 1925,
bien que les deux périodes elles-mêmes aient présenté un caractère profondément
différent. Le montant des virements opérés par l'intermédiaire de l'office de compensation de la Reichsbank qui effectue les règlements entre les banques et les plus
grandes maisons de commerce a suivi une marche ascendante rapide, d'après les
chiffres publiés. Les graphiques suivants indiquent le mouvement des chèques
postaux et celui des compensations à la Reichsbank.

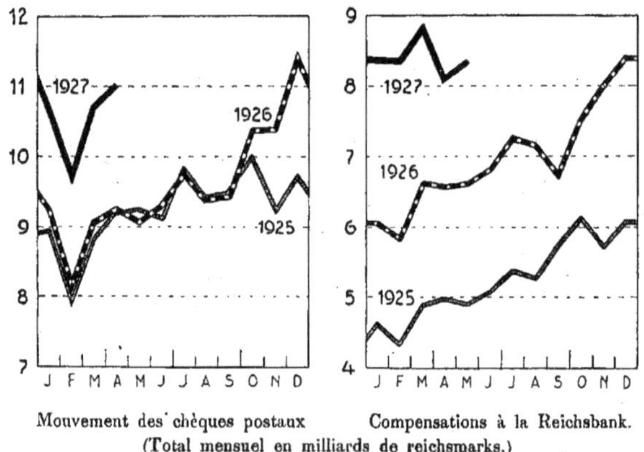

Mouvement des chèques postaux   Compensations à la Reichsbank.
(Total mensuel en milliards de reichsmarks.)

3. *Produit de l'impôt sur le chiffre d'affaires.* — Le produit de l'impôt sur
le chiffre d'affaires, si l'on tient compte des retards dans la perception et des
modifications apportées au taux de l'impôt, donne une idée assez exacte du volume
des marchandises échangées. Le graphique ci-après indique, par trimestre pour
toute la période allant de janvier 1924 au 31 mars 1927, l'évaluation du chiffre
d'affaires après que les ajustements nécessaires ont été effectués en ce qui concerne

le rendement. Le produit de cet impôt au cours de ces six derniers mois indique que l'échange des marchandises s'est maintenu à un niveau sensiblement supérieur à celui des deux années précédentes.

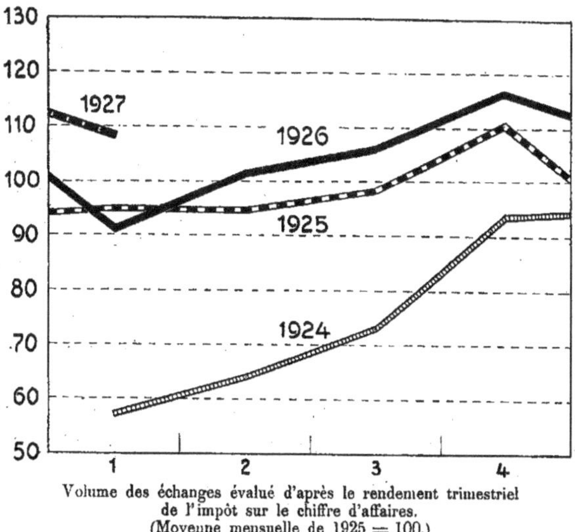

Volume des échanges évalué d'après le rendement trimestriel
de l'impôt sur le chiffre d'affaires.
(Moyenne mensuelle de 1925 = 100.)

4. *Transactions postales.* — Les chiffres des transactions importantes du service des postes, bien que n'étant pas encore publiés pour les derniers mois, indiquent une augmentation modérée pendant les mois de l'hiver 1926-27. Le chiffre des colis postaux et celui des télégrammes sont de 10 à 20 % plus élevés que ceux de la période correspondante, pendant les douze mois qui précèdent. Le trafic téléphonique a augmenté également bien qu'à un moindre degré. Toutefois, les moyennes mensuelles pour 1926, qui ont subi l'influence du ralentissement des affaires pendant la première partie de l'année, ont été à peu près égales ou légèrement inférieures à celles de 1925. Les recettes totales de l'Administration des postes ont eu tendance à s'accroître, mais, dans une certaine mesure, elles ont été assez irrégulières en raison d'arrangements spéciaux.

VOLUME MENSUEL DU TRAFIC POSTAL (en millions)	Nombre d'objets recommandés	Nombre de colis postaux	Nombre de télégrammes	Nombre de communications téléphoniques	Recettes totales de l'Administration des postes (en millions de reichsmarks)
1924 Moyenne..................	7,4	21,3	3,1	154,4	137,8
1925 Moyenne..................	8,2	23,5	3,4	169,9	143,0
1926 Moyenne..................	—	22,3	3,0	170,1	142,8
1926 Novembre................	8,8	25,9	3,13	178,5	142,4
Décembre	9,7	31,7	3,17	185,5	154,7
1927 Janvier	8,1	20,3	2,76	177,2	159,7
Février	7,9	21,7	2,67	171,0	134,6
Mars	9,0	26,7	3,19	—	—

F. CONSOMMATION.

Il ressort des chiffres très restreints dont on peut disposer à l'heure actuelle que le volume des marchandises consommées en Allemagne continue de s'accroître. Toutefois, si l'on veut faire une comparaison avec les années précédentes, il est nécessaire de ne pas oublier que la fin de l'inflation a mis une grande partie de la population allemande dans la nécessité de se passer de maints articles de consommation courante. Les augmentations notées d'année en année, depuis lors, partent d'un niveau très bas et la comparaison pourrait conduire à des conclusions erronées. Ce qu'il convient surtout de remarquer, c'est que la tendance à l'augmentation a continué et que le chômage considérable en 1926 et la crise commerciale de la même année n'ont fait qu'entraver temporairement l'allure à laquelle l'amélioration se produisait.

La moyenne hebdomadaire des achats effectués par chacun des 1.700.000 membres des principales coopératives de consommation a continué de s'accroître même en tenant compte de la hausse des prix, et de refléter en même temps, d'une façon très exacte, les habitudes saisonnières d'achat de la population. Pendant les trois premiers mois de 1927, la moyenne a été de 31 % supérieure à celle de la moyenne de la période correspondante de 1926, qui, à son tour, était de 19 % supérieure à celle de la période correspondante de 1925. La moyenne hebdomadaire des achats pendant toute l'année 1926 a été de 20 % supérieure à celle de 1925.

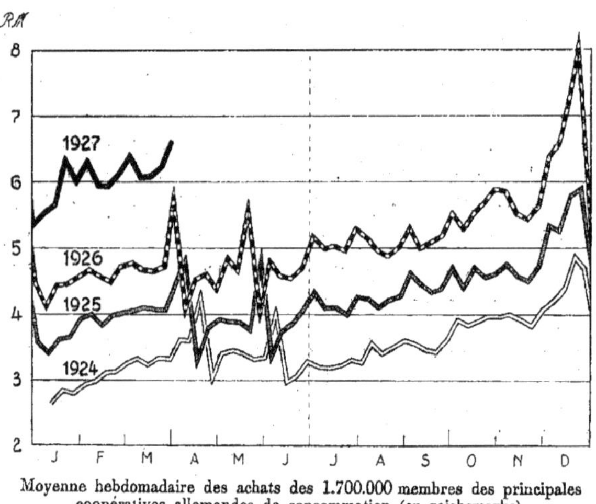

Moyenne hebdomadaire des achats des 1.700.000 membres des principales coopératives allemandes de consommation (en reichsmarks).

La production de viande placée sous le contrôle des autorités, soit environ les ²/₃ de la viande consommée en Allemagne, a été de 9 % supérieure, pendant le premier trimestre de 1927, à celle du trimestre correspondant de 1926. Pour l'ensemble de l'année 1926, la production a été de 6 % environ supérieure à celle de 1925. On peut évaluer approximativement à 48 kilogrammes en 1926 la consommation de viande par habitant, contre 47 en 1925 et 43 en 1924.

Les évaluations pour la consommation de sucre, de café, de tabac et de bière, telles qu'elles figurent au tableau ci-après ont été également plus élevées pendant le premier trimestre de 1927 que pendant le premier trimestre de 1926. Les chiffres pour le sucre, le café et la bière pendant toute l'année 1926 ont été supérieurs à ceux de 1925, mais ceux du tabac ont été à peu près les mêmes pendant les deux années en question. Les chiffres considérables des importations de café, pendant le premier et le troisième trimestres de chaque année, sont dus aux règlements des comptes semestriels entre les importateurs et les autorités douanières pour l'emmagasinage dans des entrepôts non publics.

La preuve qu'on trouve ci-dessus d'une tendance graduelle à la hausse dans la consommation concorde, d'une façon générale, avec le résultat d'une étude faite par l' « Institut für Konjunkturforschung » sur le commerce de détail en Allemagne. Cette étude indique que les ventes au détail de vêtements, de meubles et de denrées alimentaires ont été sensiblement supérieures au cours des six derniers mois, à ce qu'elles ont été pendant la période correspondante d'il y a un an.

CONSOMMATION DE DENRÉES	Viande (production des abattoirs contrôlés par les autorités publiques)	Sucre (évaluation de la consommation exprimée en sucre brut)	Café (chiffres nets des importations)	Tabac (évaluation de la consommation, chiffres rectifiés)	Bière (évaluation de la consommation)
	(en milliers de tonnes)				(en milliers d'hectolitres)
1925 Premier trimestre	513	297	26	27	8.662
Deuxième trimestre	497	337	19	29	12.900
Troisième trimestre	500	395	28	37	14.111
Quatrième trimestre	581	378	17	24	10.187
1926 Premier trimestre	560	296	32	25	9.956
Deuxième trimestre	498	355	21	28	12.414
Troisième trimestre	526	405	31	31	14.498
Quatrième trimestre	624	409	21	32	11.267
1927 Premier trimestre	609	313	40	28	10.051

G. SALAIRES.

Les échelles des salaires normaux en Allemagne sont restées presque stationnaires en 1926, à l'exception d'une légère hausse en septembre. Pendant la première partie de 1927, il y a eu quelques signes d'une reprise de la tendance à la hausse. Ces augmentations ont été sans aucun doute en rapport, dans une certaine mesure, avec l'activité croissante des affaires, mais, du point de vue du salarié, elles ont encore une cause d'ordre plus pratique, à savoir le relèvement général des loyers soumis au contrôle des autorités qui s'est produit à partir du 1er avril 1927.

Les chiffres qui servent de base au graphique suivant sont ceux qui ont été dressés par l'Office de Statistique du Reich et se rapportent à douze industries importantes ; ils indiquent la moyenne pondérée des échelles de salaires hebdomadaires fixées par accord entre les patrons et les salariés.

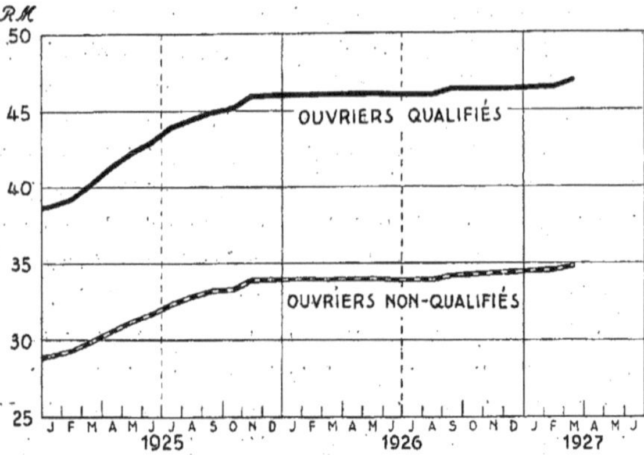

Salaires en Allemagne des ouvriers qualifiés et non qualifiés.
(Moyennes hebdomadaires en reichsmarks.)

On aurait tort de croire que les échelles des salaires normaux révélées par le graphique ci-dessus représentent dans l'ensemble le revenu des salariés allemands. Des suppléments aux taux contractuels ou tarifaires sont souvent versés dans les industries prospères proportionnellement à la qualité du travail. On sait également que, si le nombre des ouvriers et des employés figurant dans les bordereaux de salaires de plusieurs des principales industries a été effectivement réduit lors de la réorganisation industrielle, le total des versements inscrits sur ces bordereaux est resté approximativement le même. Il semble qu'il y ait à cela une double explication : en premier lieu, le travail aux pièces en est resté, en règle générale, à l'ancien tarif par unité, l'emploi de méthodes perfectionnées et l'utilisation de nouvelles machines permettant à l'ouvrier d'accroître son rendement ; en second lieu, les traitements et salaires des employés de bureau, particulièrement désavantagés depuis l'inflation, ont été quelque peu relevés. On ne dispose actuellement d'aucun chiffre exact de source officielle qui fasse ressortir l'influence de ces facteurs ou qui puisse montrer dans quelle mesure ils ont affecté le pouvoir général d'achat de la population.

H. PRIX.

La tendance générale des prix de gros en Allemagne, pendant la plus grande partie des douze derniers mois, s'est manifestée dans le sens d'une ascension modérée. Elle contraste avec un léger fléchissement en Grande-Bretagne et aux États-Unis.

Les tendances diverses des prix dans les trois pays sont mises en lumière par les indices des prix des marchandises de base indiqués sur le graphique ci-après. Les indices de ce genre sont plus sensibles et varient plus rapidement et plus largement que les indices officiels plus complexes des prix généraux qui ont pour base un très grand nombre de marchandises. Mais bien qu'ils exagèrent parfois le mouvement du niveau général des prix, ils sont précieux parce qu'ils révèlent rapidement la tendance des prix des marchandises qui sont à la base de l'industrie .

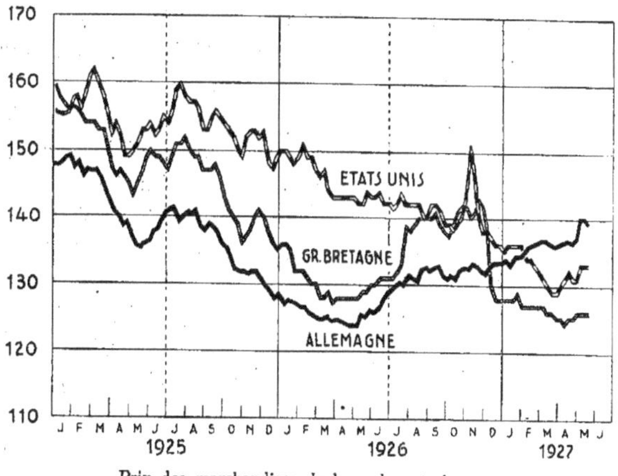

Prix des marchandises de base dans trois pays.
(Moyenne de 1913 = 100.)

Les indices relatifs à la Grande-Bretagne et aux États-Unis, figurant dans le graphique ci-dessus, sont ceux qu'élabore la Federal Reserve Bank de New-York. L'indice relatif à l'Allemagne est celui du Service Economique du Comité des Transferts. Chacun de ces indices est établi à l'aide des prix de vingt marchandises de base d'une importance généralement comparable, mais non pas identique. Ils font tous ressortir des changements de prix par rapport à la moyenne de 1913 et ils ne révèlent donc que des tendances ; ils ne comparent pas entre eux les niveaux des prix exprimés en argent de ces différents pays. L'indice allemand, précédemment le plus bas des trois, est devenu le plus élevé. Cette modification dans la situation est due autant à la baisse des prix des marchandises de base en Grande-Bretagne et aux États-Unis, qu'au relèvement des prix de ces marchandises en Allemagne. Les prix en Grande-Bretagne des marchandises de base, qui n'avaient été que légèrement supérieurs aux prix en Allemagne jusqu'en juillet 1926, ont brusquement monté sous l'effet de la cessation du travail dans les charbonnages, mais, lorsque cette influence eût disparu, en décembre, ils ont baissé avec une rapidité encore plus brusque. Les prix des marchandises de base aux États-Unis, à quelques variations temporaires près, ont accusé une tendance descendante pendant toute cette période.

Une mesure plus étendue du niveau général des prix de gros en Allemagne que celle dont on a disposé jusqu'ici est fournie par un nouvel indice qu'a élaboré l'Office de Statistique du Reich. Cet indice tient compte de 400 catégories de marchandises, il est bien équilibré et comprend des matières premières, des produits agricoles, des produits semi-ouvrés et une quantité considérable de produits industriels finis. Cet indice atteignait 132 en mai 1926, 137 en décembre 1926 et 137 en mai 1927.

Le mouvement de hausse qu'accuse le nouvel indice général des prix de gros en Allemagne jusqu'en décembre 1926 a été dû presque entièrement au relèvement des prix des produits agricoles, des céréales principalement, qui font plus que contrebalancer la baisse des prix des produits finis de l'industrie. La maigre récolte de 1926, jointe au tarif protecteur, a eu une influence marquée sur le prix des céréales. Au début de 1927, l'indice pour la catégorie de produits agricoles comprise dans cet indice a baissé et l'on a constaté également quelques signes de relèvement dans les prix des produits finis ainsi que dans ceux des matières premières, mais il est encore trop tôt pour apprécier l'importance de ces mouvements. Les prix des matières premières industrielles ont été, dans l'ensemble, très stables. Les mouvements contraires des produits agricoles et des produits manufacturés, tels qu'ils ressortent du graphique ci-après, ont tendu à se neutraliser et à maintenir dans d'étroites limites les modifications en résultant et comprises dans le nouvel indice général.

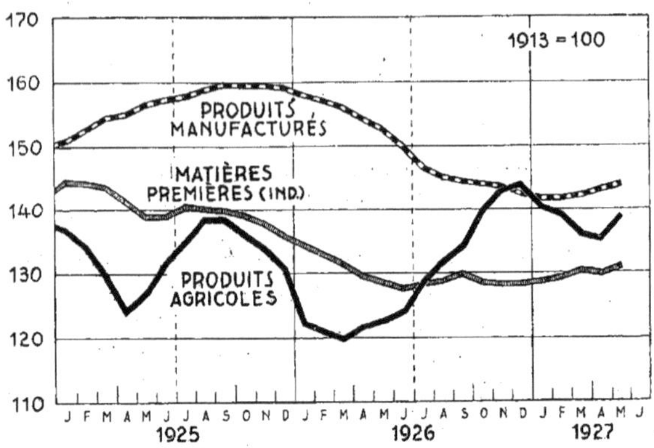

Prix des produits agricoles, des produits manufacturés,
des matières premières industrielles et produits semi-ouvrés.

Dans le graphique qui figure ci-dessous, le nouvel indice général des prix de gros est comparé à l'indice du coût de la vie, tel qu'il a été calculé par l'Office de Statistique du Reich. Cet indice du coût de la vie s'est relevé lentement depuis mars 1926; en avril 1927, la hausse atteignait environ 6%, en grande partie du fait de la hausse graduelle des loyers réglementés, évaluée par l'Office de Statistique à 26% pour la période en question, et par suite d'un relèvement du prix des denrées alimentaires qui atteignait environ 7%. Les prix des vêtements et des articles divers compris dans l'indice ont baissé. L'indice du coût de la vie a pour base la moyenne de quatre mois en 1913-1914. L'indice des prix de gros a pour base la moyenne de toute l'année 1913.

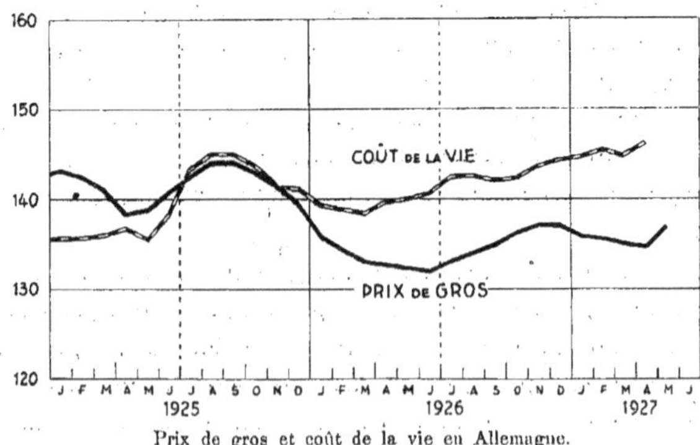

Prix de gros et coût de la vie en Allemagne.

IX. CONCLUSIONS.

Les événements survenus au cours des six derniers mois, pris en eux-mêmes, n'autorisent guère de conclusions générales au sujet du fonctionnement du Plan des Experts. Cette période offre cependant des signes exceptionnels de l'action et de la réaction de courants divers, et, à ce point de vue, ces six mois sont riches d'expérience. L'observation de ces courants et l'étude détaillée qui en a été faite dans les pages précédentes serviront, on l'espère, à mettre en lumière l'évolution du Plan et peut-être en tirera-t-on quelques enseignements précieux pour l'avenir.

Le Plan des Experts cherchait avant tout à ramener le problème des réparations à un programme s'inspirant des faits et de la pratique des affaires; suivant ce système, les payements de réparations, au lieu de compromettre et de retarder la reconstitution de l'Allemagne et de l'Europe, pouvaient exercer une influence positive en faveur de l'équilibre et du redressement économique. Le Plan avait pour objet de remettre l'Allemagne sur pied, et, dans des conditions de garantie et de confiance réciproque, de mettre équitablement à l'épreuve sa capacité de payement ainsi que l'aptitude des Puissances créancières à recevoir des réparations. C'était l'expérience, et l'expérience seule, qui devait montrer ce qui était réalisable.

Les Rapports précédents ont résumé les résultats obtenus pendant les deux premières années d'application du Plan, que l'on peut considérer comme des années de stabilisation, de reconstruction et d'un redressement riche de promesses. Le présent Rapport enregistre les nouveaux progrès qui ont été réalisés depuis le début de la troisième année d'application du Plan, tant dans le domaine des payements de réparations que dans celui du rétablissement économique de l'Allemagne. La troisième année d'application fait entrer le Plan dans ce que les Experts ont appelé la période de transition: elle fait suite à la période dite période préliminaire de relèvement économique. Dans cette période transitoire, les payements de réparations comportent une augmentation sensible et l'Allemagne commence à prélever sur son budget de plus importantes contributions. Ces prélèvements correspondent aux progrès que les Experts avaient escomptés, et que l'Allemagne a réalisés.

Le fonctionnement du Plan lui-même s'est poursuivi normalement pendant toute la période envisagée par le présent Rapport. L'Allemagne a continué loyalement et ponctuellement de faire à l'Agent Général des Payements de Réparations les payements en marks-or convenus et il a été procédé aux transferts de façon courante et régulière sous les auspices du Comité des Transferts, sans risque pour la stabilité de la monnaie allemande. Les montants des versements se sont graduellement accrus conformément à l'état des payements arrêté, et les transferts aux Puissances, tout en étant répartis entre livraisons en nature, payements au titre des Reparation Recovery Acts et transferts en espèces, ont pris, pour des montants de plus en plus élevés, la forme de payements en monnaies étrangères.

Le Rapport donne également un aperçu général du mouvement de l'économie allemande et décrit en détail les modifications qui se sont produites dans le courant des six derniers mois. D'une façon générale, les progrès ont marqué une tendance vers le relèvement qui, bien que constante, ne fut uniforme ni dans toutes les industries ni dans tous les domaines, et qui n'a pas été sans rencontrer d'obstacles. La situation du chômage continue d'être grave, malgré une détente sensible pendant ces derniers mois. Cependant, tous les chiffres dont on dispose marquent une recrudescence dans la production et dans la consommation et une certaine amélioration du niveau de la vie. L'épargne, elle aussi, continue d'augmenter. Mais le chiffre élevé des importations, sans augmentation correspondante du chiffre des exportations, amène néanmoins à se demander si les efforts de l'Allemagne n'auraient pas récemment abouti à un développement intérieur excessif sans que, d'autre part, elle fût devenue plus apte à soutenir efficacement la concurrence sur les marchés mondiaux, aptitude indispensable pourtant au développement et à l'expansion de son commerce extérieur. S'il a fallu récemment puiser dans les ressources de la Reichsbank et si le cours de la monnaie allemande s'est rapproché du gold point d'exportation, la cause en est principalement l'excédent considérable des importations sur les exportations pendant les six derniers mois. D'ailleurs, toute cette période a subi l'influence de la politique de crédit de la Reichsbank. Cette politique a dû être déterminée sous l'action de courants contraires et n'a pas eu pour objet primordial de conserver les soldes en monnaies étrangères de la Banque. La Reichsbank, gardienne de la devise allemande, a d'amples ressources et une haute autorité; la stabilité de la monnaie allemande reste donc pleinement garantie.

Dans le domaine du budget allemand, les prévisions des Experts, en ce qui concerne les recettes, se sont entièrement justifiées et, malgré les réductions d'impôt, les budgets des exercices 1926-27 et 1927-28 font ressortir des augmentations de recettes supérieures à l'accroissement des contributions budgétaires prévues par le Plan. Mais les dépenses, y compris les reversements aux États et aux communes, se sont relevées en général d'une façon si marquée que les dépenses dépassent actuellement les recettes et, pour la première fois depuis la mise en vigueur du Plan des Experts, un recours à l'emprunt a été nécessaire pour équilibrer le budget du Reich. Les excédents des années antérieures ont par conséquent fait place à une situation budgétaire qui se rapproche davantage de l'ordinaire et où il faut, pour maintenir l'équilibre, économiser et scruter sévèrement les engagements nouveaux de dépenses, d'une part, et étudier de près le rendement des impôts, d'autre part. Cependant, l'équilibre fondamental du budget demeure intact et il n'y a aucune raison de douter qu'on puisse réussir à le maintenir si le Gouvernement allemand prend les précautions habituelles qui sont indispensables dans son intérêt même.

L'expérience faite au cours de ces derniers mois pendant lesquels l'économie allemande a subi des modifications si nombreuses et où, dans l'ensemble, elle a progressé, permet de souligner une fois de plus le principe qui est à la base du Plan lui-même, à savoir que ce qui est l'intérêt de l'économie allemande est également l'intérêt de l'exécution du Plan. Les Experts ont fait remarquer dans leurs recommandations premières que leur Plan doit trouver sa propre garantie « dans l'intérêt qu'ont toutes les parties à l'exécuter de bonne foi ». Les relations qui n'ont cessé de reposer sur la bonne foi et la compréhension réciproque depuis que le Plan est appliqué, et l'attention soutenue avec laquelle le Gouvernement allemand et les Gouvernements des Puissances créancières suivent son développement régulier offrent les fondements les plus solides de son évolution ultérieure.

Recevez, Messieurs, l'assurance de ma respectueuse considération.

S. PARKER GILBERT.

Agent Général des Payements de Réparations.

ANNEXES

ANNEXE I.

COMPOSITION
DE L'ANNUITÉ ALLEMANDE
PRÉVUE PAR LE PLAN DES EXPERTS[1]

(EN MILLIONS DE MARKS-OR)

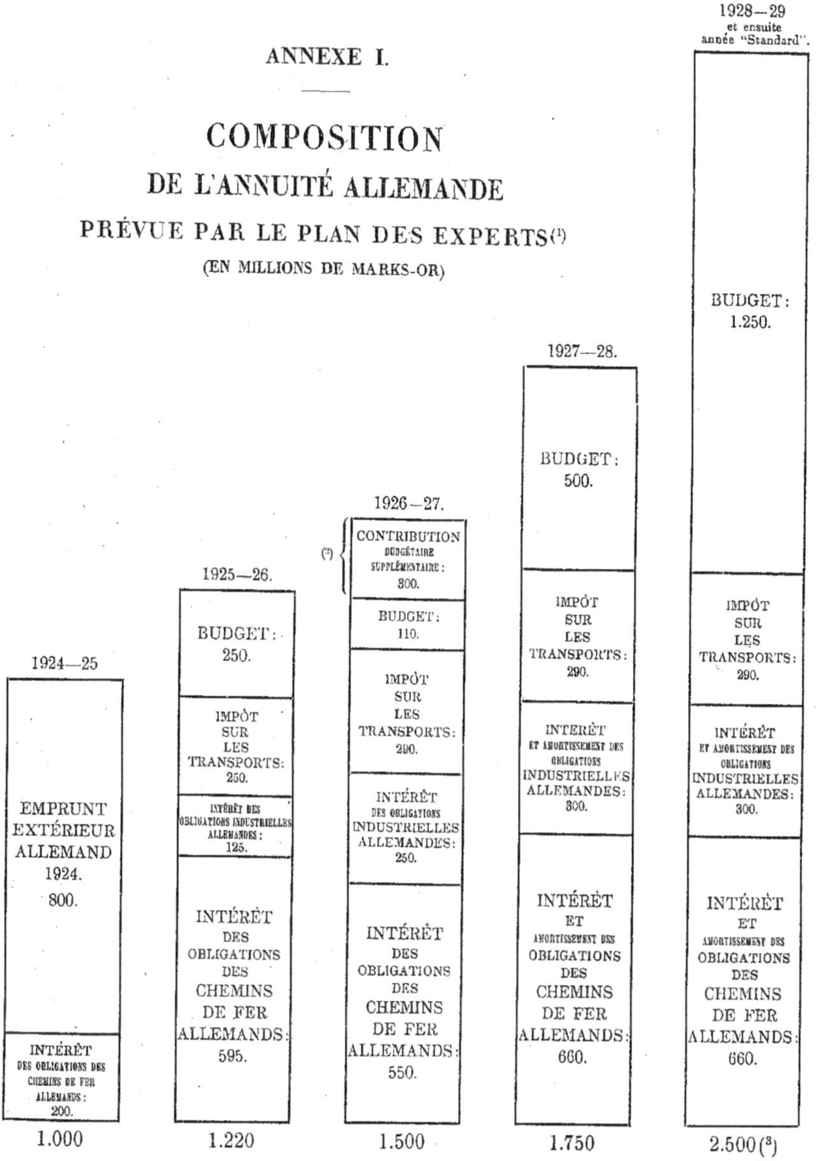

1924—25

EMPRUNT EXTÉRIEUR ALLEMAND 1924. 800.

INTÉRÊT DES OBLIGATIONS DES CHEMINS DE FER ALLEMANDS : 200.

1.000

1925—26.

BUDGET : 250.

IMPÔT SUR LES TRANSPORTS : 250.

INTÉRÊT DES OBLIGATIONS INDUSTRIELLES ALLEMANDES : 125.

INTÉRÊT DES OBLIGATIONS DES CHEMINS DE FER ALLEMANDS : 595.

1.220

1926—27.

(²) CONTRIBUTION BUDGÉTAIRE SUPPLÉMENTAIRE : 300.

BUDGET : 110.

IMPÔT SUR LES TRANSPORTS : 290.

INTÉRÊT DES OBLIGATIONS INDUSTRIELLES ALLEMANDES : 250.

INTÉRÊT DES OBLIGATIONS DES CHEMINS DE FER ALLEMANDS : 550.

1.500

1927—28.

BUDGET : 500.

IMPÔT SUR LES TRANSPORTS : 290.

INTÉRÊT ET AMORTISSEMENT DES OBLIGATIONS INDUSTRIELLES ALLEMANDES : 300.

INTÉRÊT ET AMORTISSEMENT DES OBLIGATIONS DES CHEMINS DE FER ALLEMANDS : 660.

1.750

1928—29 et ensuite année "Standard".

BUDGET : 1.250.

IMPÔT SUR LES TRANSPORTS : 290.

INTÉRÊT ET AMORTISSEMENT DES OBLIGATIONS INDUSTRIELLES ALLEMANDES : 300.

INTÉRÊT ET AMORTISSEMENT DES OBLIGATIONS DES CHEMINS DE FER ALLEMANDS : 660.

2.500 (³)

(¹) Année d'application du Plan : 1er septembre au 31 août.

(²) Le Plan des Experts fixait la troisième annuité à 1.200 millions de marks-or. Il prévoyait toutefois deux contributions supplémentaires éventuelles payables sur le budget allemand pour la quatrième et la cinquième annuités, d'un montant global de 500 millions de marks-or. En vertu d'un arrangement entre la Commission des Réparations et le Gouvernement allemand, conclu le 8 septembre 1926, les deux contributions supplémentaires éventuelles ont été remplacées par un seul payement fixe de 300 millions de marks-or à effectuer au cours de la troisième année d'application du Plan.

(³) Somme susceptible d'être augmentée à partir de 1929—30 conformément à l'indice de prospérité indiqué dans le Plan.

ANNEXE II.

RÉPARTITION REVISÉE DE LA SECONDE ANNUITÉ INDIQUANT LES QUOTES-PARTS RESPECTIVES DES PUISSANCES.

(En milliers de marks-or.)

	FRAIS DES ARMÉES D'OCCUPATION		DETTE DE GUERRE de la Belgique	RESTITU-TIONS	CRÉANCES MIXTES de l'Amérique	RÉPARA-TIONS	QUOTE-PART TOTALE
	Arriérés	Frais courants					
1. France	10.628	105.883	21.456	5.735	—	440.780	584.482 (a)
2. Empire Britannique	8.018	25.000	18.424	129	—	189.022	240.593
3. Italie	—	—	—	111	—	85.919	86.030
4. Belgique	—	20.843	6.874	2.868	—	74.735	105.320 (a)
5. État Serbe-Croate-Slovène	—	—	—	92	—	42.960	43.052
6. États-Unis d'Amérique	—	—	—	—	19.777	—	19.777
7. Roumanie	—	—	—	249	—	9.451	9.700
8. Japon	—	—	—	—	—	6.444	6.444
9. Portugal	—	—	—	—	—	6.444	6.444
10. Grèce	—	—	—	—	—	3.437	3.437
11. Pologne	—	—	—	166	—	—	166
Totaux	18.646	151.676	46.754	9.350	19.777	859.192	1.105.395

Intérêts perçus et bénéfice sur le change compris dans la répartition ci-dessus	3.157
	1.102.238
Service de l'Emprunt Extérieur Allemand	92.234
Coût des Commissions Interalliées	18.118
Bonification sur les intérêts des chemins de fer	7.410
Total de la seconde annuité	1.220.000

(a) Ces chiffres tiennent compte de l'accord conclu entre les Gouvernements français et belge conformément auquel une fraction de la part totale revenant à la France, d'un montant de 6 millions de marks-or, a été mise à la disposition de la Belgique.

ANNEXE III.

RÉPARTITION REVISÉE DE LA TROISIÈME ANNUITÉ INDIQUANT LES QUOTES-PARTS RESPECTIVES DES PUISSANCES.

(En milliers de marks-or.)

	FRAIS DES ARMÉES D'OCCUPATION		DETTE DE GUERRE de la Belgique	RESTITU-TIONS	CRÉANCES MIXTES de l'Amérique	RÉPARA-TIONS	QUOTE-PART TOTALE
	Arriérés	Frais courants					
1. France	14.250	100.000	26.806	7.165	—	596.455	744.676
2. Empire Britannique	10.750	25.000	23.018	162	—	251.255	310.185
3. Italie	—	—	—	138	—	96.596 (b)	96.734
4. Belgique	—	16.000	8.588	3.582	—	48.305 (a)	76.475
5. État Serbe-Croate-Slovène	—	—	. . .	115	—	48.293 (b)	48.408
6. États-Unis d'Amérique	55.000	—	—	—	24.708	—	79.708
7. Roumanie	. . .	. . .	—	312	—	11.856	12.168
8. Japon	. . .	. . .	. . .	. . .	—	8.212	8.212
9. Portugal	—	—	—	—	—	8.164	8.164
10. Grèce	—	—	. . .	—	—	4.298	4.298
11. Pologne	. . .	. . .	—	208	. . .	—	208
TOTAUX	80.000	141.000	58.412	11.682	24.708	1.073.484	1.389.236

Service de l'Emprunt Extérieur Allemand	91.500
Coût des Commissions Interalliées	12.785
Bonification sur les intérêts des chemins de fer	6.479
TOTAL de la troisième annuité	1.500.000

(a) Conformément aux articles 6 B et C de l'Accord des Ministres des Finances du 14 janvier 1925, la part de la Belgique a été diminuée de 8,5% et le montant ainsi disponible a été alloué à la France et à l'Empire britannique dans les proportions de 52 et 22.

(b) Conformément à l'article 20 de l'Accord des Ministres des Finances du 14 janvier 1925, une déduction de 10% a été opérée sur les parts de l'Italie et de la Serbie. Les montant rendus ainsi disponibles ont été répartis entre les Puissances ayant des arriérés sur la base des pourcentages provisoires notifiés par la Commission des Réparations.

ANNEXE IV.

BILAN DE L'AGENT GÉNÉRAL DES PAYEMENTS DE RÉPARATIONS — 31 Mai 1927.

ACTIF	MARKS-OR
I. — Soldes en banque et autres fonds disponibles à vue évalués au taux de l'or fin	151.547.572,50
II. — Fonds d'annuité produits mais non échus	194.200.000,—
III. — Payements anticipés. — Avances aux Trustees de l'emprunt extérieur allemand 1924	3.867.092,49
IV. — Intérêts produits	268.736,98
Total	349.883.502,06

PASSIF		MARKS-OR	MARKS-OR
V. — Sommes à payer :			
(a) Compte d'attente pour réquisitions et dommages au titre de l'article 6 de l'Arrangement rhénan suivant réclamation du Gouvernement allemand		5.873.738,33	
(b) Reparation Recovery Acts — soldes dus aux exportateurs allemands, calculés d'après les certificats de perception remis par les Gouvernements français et britannique		6.107.111,81	
(c) Livraisons de charbon, de coke et de lignite, conformément aux renseignements fournis par les représentants nationaux		12.880.088,53	
(d) Transport de charbon, de coke et de lignite, conformément aux renseignements fournis par les représentants nationaux		2.832.395,07	
(e) Livraisons de matières colorantes et de produits pharmaceutiques		81.327,89	
(f) Livraisons d'engrais chimiques et de produits azotés		197.232,38	
(g) Livraisons de sous-produits du charbon		600.687,94	
(h) Livraisons de terres réfractaires		7.989,32	
(i) Livraisons de produits agricoles		1.430.025,58	
(j) Livraisons de bois		940.497,73	
(k) Livraisons de sucre		261.383,84	
(l) Livraisons diverses		6.618.424,50	37.836.497,82
VI. — Puissances alliées et associées. — Fonds attribués et non couverts par des payements ou des engagements, calculés sur la base des tableaux de répartition des annuités provisoirement adoptés par la Commission des Réparations :			

	Fonds affectés en vertu de contrats approuvés	Fonds non affectés	
(a) France	43.168.161,06	34.336.473,36	
(b) Empire Britannique	—	105.282,22	
(c) Italie	1.120.674,40	5.815.988,03	
(d) Belgique	5.285.522,40	15.974.812,20	
(e) État Serbe-Croate-Slovène	5.416.079,65	193.750,95	
(f) États-Unis d'Amérique	—	21.630,36	
(g) Roumanie	135.460,—	57.407,81	
(h) Japon	—	3.637.896,75	
(i) Portugal	128.348,19	35.688,55	
(j) Grèce	880,—	52.278,31	
(k) Pologne	—	27.200,79	
	55.255.725,70	60.258.469,33	115.514.195,03

PASSIF (suite)	MARKS-OR	MARKS-OR
VII. — Fonds non attribués :		
(a) Fonds d'annuité acquis, mais non échus (voir ci-contre)	194.200.000,—	
(b) Fonds affectés à des charges de priorité, mais n'ayant pas eu à être employés	1.154.698,11	
(c) Intérêts encaissés et différences sur le change	1.178.111,10	196.582.809,21
Total		349.883.502,06

ANNEXE

ÉTAT INDIQUANT LES RECETTES ET LES PAYEMENTS
POUR LA PÉRIODE ALLANT

RECETTES	MARKS-OR
I. Complément de la Seconde Annuité:	
a) Impôt sur les transports	8.095.425,61
b) Obligations de réparations des chemins de fer — Intérêts payés par la Compagnie des Chemins de fer allemands	45.000.000, –
II. Au compte de la Troisième Annuité:	
a) Contribution budgétaire normale	82.500.000,—
b) Contribution budgétaire supplémentaire	160.800.000,—
c) Impôt sur les transports	202.500.000,—
d) Obligations de réparations des chemins de fer — Intérêts payés par la Compagnie des Chemins de fer allemands	360.000.000,—
e) Obligations industrielles — Intérêts payés par la Banque pour les Obligations industrielles	125.000.000,—
III. Intérêts encaissés	1.916.182,89
Total des recettes ...	985.811.608,—
IV. Soldes en banque et autres fonds disponibles à vue le 1er septembre 1926	93.626.074,81
à reporter ...	1.079.437.682,81

V.

DE L'AGENT GÉNÉRAL DES PAYEMENTS DE RÉPARATIONS.
DU 1ER SEPTEMBRE 1926 au 31 MAI 1927.

PAYEMENTS	MARKS-OR	MARKS-OR
V. Puissances alliées.		
(a) France:		
1. Marks fournis à l'armée d'occupation	19.495.803,06	
2. Prestations à l'armée d'occupation en vertu des Articles 8 à 12 de l'Arrangement rhénan	17.675.705,91	
3. Reparation Recovery Act	49.678.406,22	
4. Livraisons de charbon, de coke et de lignite	136.302.359,57	
5. Transport de charbon, de coke et de lignite	15.297.382,99	
6. Livraisons de matières colorantes et de produits pharmaceutiques	2.171.081,80	
7. Livraisons d'engrais chimiques et de produits azotés	34.124.246,54	
8. Livraisons de sous-produits du charbon	2.372.606,90	
9. Livraisons de terres réfractaires	112.879,56	
10. Livraisons de produits agricoles	5.987.210,79	
11. Livraisons de bois	17.768.179,86	
12. Livraisons de sucre	4.111.825,10	
13. Livraisons diverses	49.639.744,55	
14. Payements divers	708.033,07	
15. Transferts d'espèces:		
(i) Règlement de soldes dus pour livraisons faites ou services rendus par le Gouvernement allemand antérieurement au 1er septembre 1924	286.584,56	
(ii) En monnaies étrangères	56.706.576,62	412.433.626,20
(b) Empire Britannique:		
1. Marks fournis à l'armée d'occupation	9.251.680,02	
2. Prestations à l'armée d'occupation en vertu des Articles 8 à 12 de l'Arrangement rhénan	5.448.961,65	
3. Reparation Recovery Act	164.696.936,51	
4. Payements divers	15.849,41	
5. Transferts d'espèces:		
(i) Règlement de soldes dus pour livraisons faites ou services rendus par le Gouvernement allemand antérieurement au 1er septembre 1924	35.022,76	
(ii) En monnaies étrangères	23.618.021,21	203.065.471,56
(c) Italie:		
1. Livraisons de charbon et de coke	32.806.354,01	
2. Transport de charbon et de coke	9.913.121,31	
3. Livraisons de matières colorantes et de produits pharmaceutiques	2.456.285,16	
4. Livraisons de sous-produits du charbon	2.382.234,47	
5. Livraisons diverses	8.481.720,75	
6. Payements divers	47.725,54	
7. Transferts d'espèces en monnaies étrangères	8.005.246,61	64.042.686,85
(d) Belgique:		
1. Marks fournis à l'armée d'occupation	49.874,57	
2. Prestations à l'armée d'occupation en vertu des Articles 8 à 12 de l'Arrangement rhénan	2.610.661,88	
3. Livraisons de charbon, de coke et de lignite	902.983,61	
4. Transport de charbon, de coke et de lignite	435.719,54	
5. Livraisons de matières colorantes et de produits pharmaceutiques	4.346.260,71	
6. Livraisons d'engrais chimiques et de produits azotés	7.513.117,08	
à reporter	15.856.567,39	679.542.784,61

RECETTES	MARKS-OR
report....	1.079.437.682,81
Total....	1.079.437.682,81

PAYEMENTS	MARKS-OR	MARKS-OR
report...	15.856.567,39	670.543.784,61
7. Livraisons de sous-produits du charbon	252.907,01	
8. Livraisons de bois	2.070.896,29	
9. Livraisons diverses	21.898.940,29	
10. Payements divers	11.252,68	
11. Transferts d'espèces :		
(i) Règlement de soldes dus pour livraisons faites ou services rendus par le Gouvernement allemand antérieurement au 1er septembre 1924	115.483,79	
(ii) En monnaies étrangères	6.217.629,71	15.923.677,16
(e) ÉTAT SERBE-CROATE-SLOVÈNE :		
1. Livraisons de produits pharmaceutiques	99.962,82	
2. Livraisons diverses	31.374.208,10	
3. Payements divers	171.078,47	31.645.299,39
(f) ÉTATS-UNIS D'AMÉRIQUE :		
1. Livraisons en vertu d accords	31.748.432,93	
2. Transferts d'espèces en monnaies étrangères	37.117.878,49	68.866.311,42
(g) ROUMANIE :		
1. Livraisons diverses	6.381.175,87	
2. Payements divers	5.098,83	
3. Transferts d'espèces en monnaies étrangères	950.621,57	7.336.896,27
(h) JAPON :		
1. Livraisons d'engrais chimiques et de produits azotés	2.744.673,51	
2. Livraisons diverses	2.771.504,49	
3. Transferts d'espèces en monnaies étrangères	640.318,89	6.156.496,89
(i) PORTUGAL :		
1. Livraisons diverses	4.581.146,62	
2. Transferts d'espèces en monnaies étrangères	326.173,51	4.907.320.13
(j) GRÈCE :		
1. Livraisons diverses		2.868.786,09
(k) POLOGNE :		
1. Livraisons de produits agricoles	151.209,87	
2. Payements divers	12.219,12	
3. Transferts d'espèces :		
(i) Règlement de soldes dus pour livraisons faites ou services rendus par le Gouvernement allemand antérieurement au 1er septembre 1924	22.491,05	
(ii) En monnaies étrangères	16.007,80	201.927,84
Total pour les Puissances		847.449.499,30
VI. Service de l'Emprunt Extérieur Allemand 1924		66.466.086,34
VII. Commissions Interalliées :		
1. Commission des Réparations	1.968.603,81	
2. Office des Payements de Réparations	2.630.507,64	
3. Haute Commission Interalliée des Territoires rhénans	2.168.054,74	
4. Commission Militaire Interalliée de Contrôle	1.234.084,41	8.001.250,60
VIII. Frais des Organismes d'arbitrage		66.729.14
IX. Escompte sur les versements effectués par la Compagnie des Chemins de fer allemands avant la date d'échéance		5.128.076,64
X. Différence de change		778.368,20
Total des payements		927.890.010,22
XI. Soldes en banque et autres fonds disponibles à vue le 31 Mai 1927		151.547.672,59
TOTAL		1.079.437.682,81

ANNEXE VI.

RÉPARTITION ENTRE LES PUISSANCES DES MONTANTS DISPONIBLES POUR LES DÉPENSES PENDANT LA PÉRIODE ALLANT DU 1ER SEPTEMBRE 1926 AU 31 MAI 1927.

	MONTANTS DISPONIBLES Période 1er septembre 1926 au 31 mai 1927	TOTAL DES PAYEMENTS Période 1er septembre 1926 au 31 mai 1927	ENGAGEMENTS EXISTANT au 31 mai 1927	TOTAL DES PAYEMENTS et des engagements existant au 31 mai 1927	SOLDES DES PUISSANCES au 31 mai 1927 (suivant bilan) FONDS AFFECTÉS en vertu de contrats approuvés	FONDS NON AFFECTÉS	FONDS NON ATTRIBUÉS
	Marks-or	Marks-or	Marks-or	Marks-or	Marks-or	Marks-or	Marks-or
1. France	516.686.618,31	412.483.626,20	25.748.357,69	439.181.983,89	43.168.101,06	34.335.473,35	—
2. Empire Britannique	204.241.909,56	203.066.471,56	1.070.245,78	204.136.717,34	—	105.252,22	—
3. Italie	74.398.011,56	64.042.686,85	3.418.662,28	67.461.349,13	1.120.674,40	5.815.988,03	—
4. Belgique	72.161.200,13	45.923.677,16	4.977.188,37	50.900.865,53	5.285.522,40	15.074.812,20	—
5. État Serbe-Croate-Slovène	37.735.867,85	31.645.299,39	481.137,86	32.126.437,25	5.416.679,65	193.750,95	—
6. États-Unis d'Amérique	68.887.941,78	68.886.311,42	—	68.886.311,42	—	21.680,36	—
7. Roumanie	8.284.286,92	7.336.896,27	754.522,84	8.091.419,11	135.460,—	57.407,81	—
8. Japon	9.826.286,22	6.156.495,39	31.893,09	6.188.389,48	—	3.637.896,75	—
9. Portugal	5.425.846,78	4.907.320,13	354.489,91	5.261.810,04	128.348,19	35.688,55	—
10. Grèce	2.921.944,40	2.868.786,09	—	2.868.786,09	880,—	52.278,31	—
11. Pologne	229.188,63	201.927,84	—	201.927,84	—	27.260,79	—
TOTAUX POUR LES PUISSANCES	1.000.800.192,15	847.449.498,30	37.836.497,82	885.285.997,12	55.255.725,70	60.258.460,33	—
12. Service de l'Emprunt extérieur allemand 1924	68.095.413,23	66.466.086,34	Cr. 3.867.092,49	62.508.993,85	—	—	406.419,38
13. Commissions interalliées :							
a) Commission des Réparations	2.195.628,69	1.968.603,81	—	1.968.603,81	—	—	167.024,88
b) Office des Payements de Réparations	2.630.482,79	2.630.507,64	—	2.630.507,64	—	—	Dr. 24,85
c) Haute Commission Interalliée des Territoires rhénans	2.643.823,63	2.168.054,74	—	2.168.054,74	—	—	475.268,89
d) Commission Militaire Interalliée de Contrôle	1.300.178,74	1.234.084,41	—	1.234.084,41	—	—	66.094,33
14. Frais des organismes d'arbitrage	16.821,43	66.729,14	—	66.729,14	—	—	Dr. 49.907,71
15. Escompte sur les versements effectués par la Compagnie des Chemins de fer allemands avant la date d'échéance	5.127.899,83	5.128.076,64	—	5.128.076,64	—	—	Dr. 176,81
	1.077.749.940,49	927.111.642,02	Dr. 37.836.497,82 / Cr. 3.867.092,49	961.081.047,35	55.255.725,70	60.258.460,33	1.154.698,11
Fonds non attribués :							
a) Fonds d'annuité produits, mais non échus	194.200.000,—	—	—	—	—	—	194.200.000,—
b) Postes accessoires :							
1. Intérêts encaissés	1.265.800,34	—	—	—	—	—	1.534.037,32
2. Intérêts courus	268.736,98	—	—	—	—	—	
3. Différence de change	Dr. 355.926,22	—	—	—	—	—	Dr. 355.926,22
TOTAUX	1.273.128.051,59	927.111.642,02	Dr. 37.836.497,82 / Cr. 3.867.092,49	961.081.047,35	55.255.725,70	60.258.460,33	196.582.809,21
Composition du total ci-dessus :							
a) Deuxième annuité. Solde non employé au 1er septembre 1926 :							
1. Soldes en banque et autres fonds disponibles à vue	93.626.074,81						
2. Fonds d'annuité produits, mais non échus	53.095.425,61						
3. Intérêts courus	161.801,22						
b) Troisième annuité :							
1. Fraction échue au 31 mai 1927	1.125.000.000,—						
2. Intérêts produits	2.023.118,15						
3. Différence de change	Dr. 778.368,20						
TOTAL COMME CI-DESSUS	1.273.128.051,59						

ANNEXE VII.

ÉTAT RÉCAPITULATIF PAR CATÉGORIES DE DÉPENSES DES PAYEMENTS FAITS PENDANT LA PÉRIODE 1ᵉʳ SEPTEMBRE 1926—31 MAI 1927 ET DES ENGAGEMENTS EXISTANT À LA FIN DE LADITE PÉRIODE.

	TOTAL DES PAYEMENTS 1ᵉʳ septembre 1926 au 31 mai 1927	ENGAGEMENTS existant au 31 mai 1927	TOTAL DES PAYEMENTS ET DES ENGAGEMENTS existant au 31 mai 1927
	Marks-or	Marks-or	Marks-or
1. Marks fournis aux armées d'occupation :			
France	19.495.803,66	—	19.495.803,66
Empire Britannique	9.251.680,02	—	9.251.680,02
Belgique	49.874,57	—	49.874,57
	28.797.358,25	—	28.797.358,25
2. Réquisitions et dommages au titre de l'article 6 de l'Arrangement rhénan (compte d'attente) :			
France	—	4.283.333,33	4.283.333,33
Empire Britannique	—	972.400,00	972.400,00
Belgique	—	618 000,00	618.000,00
	—	5.873.733,33	5.873.733,33
3. Prestations aux armées d'occupation au titre des articles 8 à 12 de l'Arrangement rhénan :			
France	17.675.705,91	—	17.675.705.91
Empire Britannique	5.448.961,65	—	5.448.961,65
Belgique	2.610.661,88	—	2.610.661,88
	25.735.329,44	—	25.735.329.44
4. Reparation Recovery Acts :			
France	49.678.406,22	6.009.266,03	55.687.672,25
Empire Britannique	164.696.936,51	97.845,78	164.794.782,29
	214.375.342,73	6.107.111,81	220.482.454,54
5. Livraisons de charbon, de coke et de lignite :			
France	136.302.359.57	7.408.609,31	143.710.968,88
Italie	32.806.354,01	2.389.902,87	35.196.256,88
Belgique	902.933,61	3.032.176,35	3.935.109,96
	170.011.647.19	12.830.688.53	182.842.335,72
6. Transport de charbon, de coke et de lignite :			
France	15.297.382,99	2.314.989,30	17.612.372,29
Italie	9.913.121,31	517.405,77	10.430.527,08
Belgique	433.719,54	—	433.719,54
	25.644.223.84	2.832.395,07	28.476.618,91
7. Livraisons de matières colorantes et de produits pharmaceutiques :			
France	2.171.081,30	2.043,15	2.173.124,45
Italie	2.456.285.16	71.476,06	2.527.761,22
Belgique	4.346.260,71	7.808,68	4.354.069,39
État Serbe-Croate-Slovène	99.962,82	—	99.962,82
	9.073.589.99	81.327,89	9.154.917,88
8. Livraisons d'engrais chimiques et de produits azotés :			
France	34.124.246,54	—	34.124.246,54
Belgique	7.513.117,08	197.232,38	7.710.349,46
Japon	2.744.673,51	—	2.744.673.51
	44.382.037,13	197.232,38	44.579.269,51
9. Livraisons des sous-produits du charbon :			
France	2.372.605,90	530.119,19	2.902.725,09
Italie	2.332.234,47	124.491,56	2.456.726.03
Belgique	252.907,01	6.077,19	258.984,20
	4.957.747,38	660.687,94	5.618.435,32
À reporter	522.977.275,95	28.583.176,95	551.560.452,90

	TOTAL DES PAYEMENTS 1er septembre 1926 au 31 mai 1927	ENGAGE-MENTS existant au 31 mai 1927	TOTAL DES PAYEMENTS ET DES ENGAGEMENTS existant au 31 mai 1927
	Marks-or	Marks-or	Marks-or
Report	522.977.275,95	28.583.176,95	551.560.452,90
10. Livraisons de terres réfractaires:			
France	112.879,56	7.989,22	120.868,78
11. Livraisons de produits agricoles:			
France	5.987.210,79	1.430.025,58	7.417.236,37
Pologne	151.209,87	—	151.209,87
	6.138.420,66	1.430.025,58	7.568.446,24
12. Livraisons de bois:			
France	17.768.179,86	854.510,98	18.622.690,84
Belgique	2.070.896.29	85.986,75	2.156.883,04
	19.839.076,15	940.497,73	20.779.573,88
13. Livraisons de sucre:			
France	4.111.825,10	261.383,84	4.373.208,94
14. Livraisons diverses:			
France	49.639.744,55	3.646.087,76	53.285.832,31
Italie	8.481.720,75	315.386,02	8.797.106,77
Belgique	21.398.940,29	1.029.907,02	22.428.847,31
État Serbe-Croate-Slovène	31.374.263,10	481.137,86	31.855.400,96
Roumanie	6.381.175,87	754.522,84	7.135.698,71
Japon	2.771.504,49	31.893,09	2.803.397,58
Portugal	4.581.146,62	354.489,91	4.935.636,53
Grèce	2.868.786,09	—	2.868.786,09
	127.497.281,76	6.613.424,50	134.110.706,26
15. Livraisons en vertu d'accord:			
Etats-Unis d'Amérique	31.748.432,93	—	31.748.432,93
16. Payements divers:			
France	703.033,07	—	703.033,07
Empire Britannique	15.849,41	—	15.849,41
Italie	47.725,54	—	47.725,54
Belgique	11.252,68	—	11.252,68
État Serbe-Croate-Slovène	171.073,47	—	171.073,47
Roumanie	5.098,83	—	5.098,83
Pologne	12.219,12	—	12.219,12
	966.252,12	—	966.252,12
17. Transferts d'espèces:			
(a) Règlement de soldes dus pour livraisons faites ou services rendus par le Gouvernement allemand antérieurement au 1er septembre 1924:			
France	286.584,56	—	286.584,56
Empire Britannique	35.022,76	—	35.022.76
Belgique	115.483,79	—	115.483,79
Pologne	22.491,05	—	22.491,05
(b) En monnaies étrangères:			
France	56.706.576,62	—	56.706.576,62
Empire Britannique	23.618.021,21	—	23.618.021,21
Italie	8.005.245,61	—	8.005.245,61
Belgique	6.217.629,71	—	6.217.629,71
États-Unis d'Amérique	37.117.878,49	—	37.117.878,49
Roumanie	950.621,57	—	950.621,57
Japon	640.318,39	—	640.318,39
Portugal	326.173,51	—	326.173,51
Pologne	16.007,80	—	16.007,80
	134.058.055,07	—	134.058.055,07
Totaux pour les Puissances	847.449.499,30	37.836.497,82	885.285.997,12

ANNEXE VIII.

TABLEAU DU PERSONNEL — 31 MAI 1927.

	NATIONALITÉ						TOTAL
	AMÉRICAINE	FRANÇAISE	BRITANNIQUE	ITALIENNE	BELGE	HOLLANDAISE	
L'Agent Général des Payements de Réparations	1	—	—	—	—	—	
Assistants et personnel	3	—	—	—	—	—	4
Le Commissaire à la Reichsbank	—	—	—	—	—	1	
Assistants et personnel	—	—	—	—	—	4	5
Le Commissaire des chemins de fer allemands	—	1	—	—	—	—	
Assistants et personnel	—	6	—	1	1	—	9
Le Commissaire aux revenus gages	—	—	1	—	—	—	
Assistants et personnel	—	1	3	—	1	—	6
Le Trustee pour les obligations des chemins de fer allemands	—	—	—	—	1	—	1
Le Trustee pour les obligations industrielles allemandes	—	—	—	1	—	—	
Directeur de l'Office et personnel	—	—	1	4	—	—	6
Le Comité des transferts	2	1	1	1	1	—	
Conseillers économiques	1	1	—	1	1	—	
Autre personnel	1	7	1	1	—	—	(2) 19
Conseiller juridique et représentant à Paris	1	—	—	—	—	—	
Secrétaire et personnel	3	1	—	—	—	—	5
Services administratifs :							
Secrétaire et personnel	—	1	2	—	1	—	4
Directeur de la comptabilité et personnel	2	6	9	2	2	—	21
Traducteurs	—	3	6	—	—	—	9
Secrétaires particuliers, enregistrement et archives, secrétaires, sténographes et dactylographes	2	10	28	—	—	—	40
Total du personnel (1)	(2) 15	38	52	11	8	5	(2) 129

Dont les traitements et les frais sont à la charge :

de l'Annuité	115
de la Reichsbank	5
des Chemins de fer allemands	9
	129

(1) Non compris le petit personnel allemand employé pour l'entretien du bâtiment, le service des plantons, etc.

(2) Total ajusté de façon à éviter l'inscription d'une même personne dans plusieurs groupes.
Adresse de l'Office de Berlin, 33 Luisenstrasse.
Adresse de l'Office de Paris, 18 rue de Tilsitt.

ANNEXE IX.

EMPRUNT EXTÉRIEUR ALLEMAND 1924.

SITUATION AU 15 AVRIL 1927 (DATE D'EXPIRATION DU PREMIER SEMESTRE DE LA TROISIÈME ANNÉE DE L'EMPRUNT).

TRANCHE	VALEUR NOMINALE des OBLIGATIONS non amorties au 15 octobre 1926		VALEUR NOMINALE des OBLIGATIONS amorties par rachat depuis le 15 octobre 1926		VALEUR NOMINALE des OBLIGATIONS non amorties au 15 avril 1927		COÛT DE L'AMORTISSEMENT par rachat des obligations (déduction faite des intérêts et des frais)		COÛT QUI SERAIT RÉSULTÉ de l'amortissement par tirage des obligations au cours fixé (déduction faite des frais)		ÉCONOMIE RÉALISÉE en capital du fait de l'amortissement par rachat (1)	
Américaine	$	100.695.300	$	128.500	$	100.566.800	$	134.902,50	$	134.925	$	22,50
Britannique	£	11.604.400		—	£	11.604.400		—		—		—
Belge	£	1.449.400		—	£	1.449.400		—		—		—
Hollandaise	£	2.417.300		—	£	2.417.300		—		—		—
Française	£	2.899.600		—	£	2.899.600		—		—		—
Italienne	Lire	96.500.000	Lire	996.500	Lire	95.503.500	Lire	904.684,00	Lire	996.500	Lire	91.816,00
Suédoise	Cour. S.	24.376.000		—	Cour. S.	24.376.000		—		—		—
Suisse	£	2.281.700		—	£	2.281.700		—		—		—
Suisse	Fr. S.	14.508.000		—	Fr. S.	14.508.000		—		—		—
Allemande	£	309.500		—	£	309.500		—		—		—

(1) L'équivalent en marks-or des différentes monnaies représentant cette économie en capital atteint 19.496,66 marks-or, convertis au taux du 14 avril 1927.

N. B. — Un texte anglais de tous les volumes paraissant dans la présente collection est publié à Londres par le Stationery Office.